细说史记三千年·楚汉战争

王嗣敏——著

華夏出版社
HUAXIA PUBLISHING HOUSE

图书在版编目（CIP）数据

细说史记三千年．楚汉战争 / 王嗣敏著．-- 北京：华夏出版社有限公司，2022.7

ISBN 978-7-5222-0210-5

Ⅰ．①细… Ⅱ．①王… Ⅲ．①中国历史－古代史－纪传体 ②《史记》－通俗读物 Ⅳ．① K204.2-49

中国版本图书馆 CIP 数据核字（2021）第 238140 号

细说史记三千年·楚汉战争

著　　者 王嗣敏
责任编辑 张　平　曾　华

出版发行 华夏出版社有限公司
经　　销 新华书店
印　　刷 三河市少明印务有限公司
装　　订 三河市少明印务有限公司
版　　次 2022 年 7 月北京第 1 版
2022 年 7 月北京第 1 次印刷
开　　本 890mm × 1280mm 1/32
印　　张 7.5
字　　数 179 千字
定　　价 55.00 元

华夏出版社有限公司　地址：北京市东直门外香河园北里 4 号　邮编：100028
网址：www.hxph.com.cn　电话：（010）64618981

若发现本版图书有印装质量问题，请与我社营销中心联系调换。

/ 目 录 /

陈胜世家

项羽本纪

高祖本纪

韩信列传

陈胜世家

闾左称雄日，渔阳谪戍人。
王侯宁有种？竿木足亡秦。
大义呼豪杰，先声仗鬼神。
驱除功第一，汉将可谁伦？

（清）屈大均《读陈胜传》

第一章　举大事王侯无种　建张楚陈胜发难

陈胜是敢于做第一个吃螃蟹的人。

陈胜是阳城（今河南方城东。在讲解楚汉战争时，有二三十个地名参考了韩兆琦先生的《史记选注集说》，在此向韩先生致谢）人，字涉，也叫陈涉。吴广是阳夏（今河南太康）人，字叔，也叫吴叔。他倒挺能占人便宜。陈胜是个佃农，根正苗红，苦大仇深，身份没问题，他完全有资格在日后扛起革命的大旗。

有一次被人雇用耕田，在休息期间，陈胜怅恨不已，拍着大腿慨叹命运的不公。但他对自己又有强烈的信心，对同伴说："苟富贵，勿相忘。"他这句话的潜台词是，我若取得荣华富贵，一定忘不了你们这些穷哥们。这话说得多仗义呀。可他的穷哥们并不领这个情，边笑边说："你现在还在为别人耕田呢，哪儿来的富贵呀？"陈胜叹息道："燕雀安知鸿鹄（hú，天鹅）之志哉！"然而，陈胜的穷哥们根本没把他的"鸿鹄之志"放在心上。

秦二世元年七月，陈胜被派往渔阳（今北京密云西南）守边，同行的有九百人，停驻在大泽乡（今安徽宿州），陈胜、吴广为屯长（相当于现在的“连级干部”。一说类似于现在的“领队”）。

到了大泽乡后就赶上了连绵大雨，且发生了山体滑坡和泥石流，道路被毁，无法通行。陈胜、吴广估计，即使天气好转，紧赶慢赶也无法按时到达，而根据秦朝法律，误期是要杀头的。

秦朝按照法家的理念来治国本来很好，但是太过严苛。陈胜、吴广现在面临死亡的威胁。是按计划继续前行赴死，还是想想其他办法呢？二人商量半天。陈胜说：“如今逃亡是个死，造反也是个死，同样是死，为什么不死得轰轰烈烈，为建立自己的王朝豁出命去干它一把呢？”

陈胜接着分析道：“天下苦秦久矣！大家都受不了这些严刑峻法了。而且我听说秦二世是少子，不应立为皇帝，当立者是大公子扶苏。扶苏因为多次劝谏始皇帝要爱惜民力，结果被派到边关守边。我听小道消息说，扶苏无罪却被二世诛杀，真是无理至极。百姓听说扶苏仁爱贤能，认为他会继承帝位，谁知却无辜被害，知道的人都深感痛惜。但现在知道扶苏已死的人并不多。还有项燕（项燕之子为项梁，项梁之侄为项羽）是楚国名将，战功显赫。他爱兵如子，却被始皇帝大将王翦杀害，楚国人同样痛惜。可现在还流传着另外一个版本，说项燕没死，而是隐姓埋名藏于民间。我们俩无名无分，不好举大事，但是我们可用‘借尸还魂’之计来谋事，这个‘尸’就是扶苏与项燕。我们若自称是扶苏与项燕的部下，为天下人引头，就师出有名了，天下人自然响应。”

吴广同意陈胜的主张。这两人就去占卜。占卜者知道他们的心事，故意念念有词，说他们的事必然成功，不用瞻前顾后，只管一路向前，但他们最好到鬼神那里占卜一下。实际上，占卜者是暗示他们借助鬼神的力量来号召民众。那时没有什么先进的革命理论号召人，只能借助神秘的鬼神力量。

陈胜、吴广听后喜笑颜开，信心大增，嘴里念叨“卜之鬼”，灵光一闪，突然明白了，这是让他们想办法在民众中树立威信。二人眉头一皱，计上心来。他们用红笔在帛绢上写下“陈胜王（wàng，动词，指“称王”）”三个字，再把帛绢放进捕捉来的鱼肚子里，然后雇用一个生人挑着这些鱼来营地叫卖。

陈胜突然“想”吃鱼，而且想得不得了，戍卒只好去买鱼来准备做给他吃。在收拾鱼时，戍卒从鱼肚子里掏出一个神奇的物件——写了字的帛绢，这件事一时传遍营地。

陈胜这一番铺垫成功之后，接下来的事就得心应手了。他让吴广亲自出马，晚上偷偷摸到戍卒营地旁边那林木掩映的荒庙里，拢起若明若暗的篝火，学狐狸叫（成语“篝火狐鸣”之源），又发出若有若无的人声：“大楚兴，陈胜王。”他弄得鬼影憧憧，把那些戍卒吓得全身的寒毛站了一宿的立正。

可算挨到天亮了，众人长舒一口气，但都偷眼看陈胜。他们发现，陈胜越来越诡秘莫测，让人害怕。陈胜看在眼里，喜在心头。不过，他还要继续扮酷，不能让人看出破绽。

吴广这个人一向仁义，在戍卒当中口碑很好。他看到统领戍卒的两名秦朝尉官喝得东倒西歪，有点“大”了，就在尉官们面前多次提起逃跑的话头，想激怒他们，让他们当众折辱自己，以便引起公愤。这二人果然被激怒，开始鞭打吴广。一名尉官一时没注意，长剑脱鞘落地。吴广一个鲤鱼打挺，站起来，拾起长剑就给这名尉官来了个一剑封喉。陈胜也挺身而出，使用“独孤九剑”的破剑式杀了另一名尉官。

于是，他们召集全体戍卒，陈胜发表“主题演讲”：“我们遭逢大雨，皆已失期。失期当斩，路人皆知。即使不被杀，戍边而死的也在十之六七。就这么糊里糊涂地死，不值一钱。我认为壮士不死则已，死就要举大名、称王称霸。王侯将相宁有种乎？”

王侯将相真是天生的吗？陈胜的质疑大胆而尖锐，充满了对命运的挑战。伟大的人物体内流淌着叛逆的血，这种血赋予了他与众不同的个性和坚如磐石的意志。

人在命运的生死关头，如果不想坐以待毙，就只能挺身而斗，紧紧扼住命运的咽喉！

◎陈胜吴广起义

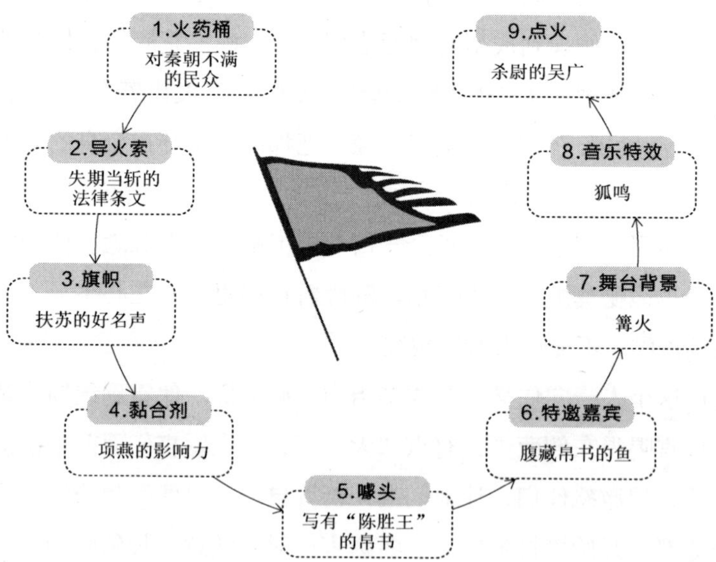

历史证明，这是一个成功的活动方案

第二章　天下人苦秦久矣　星星火成燎原势

陈胜的果敢行动得到了大家一致的拥护。他们诈称是公子扶苏、楚将项燕的部众，以便号召民众。他们袒露右臂作为标志，号称“大楚”，筑坛盟誓，以秦朝尉官的首级作为祭祀用品。陈胜自立为将军，任命吴广为都尉。他们攻克大泽乡，转而攻下蕲（qí，今安徽宿州东南）。

陈胜起义后，命令葛婴（据《中华姓氏大辞典》，汉文帝考虑到葛婴有反秦之功，就把他的孙子封为诸县侯。诸县在今山东诸城西南。有一说，其后人取诸县之“诸”与葛婴之“葛”，称“诸葛氏”。葛婴是诸葛氏的源头之一）自蕲向东巡行号令，使各地听命于己，他自己则率部攻打到陈郡（治所在陈县，今河南周口淮阳区）。这时他已有六七百辆战车，千余骑兵，数万士卒，声威大震。

陈郡郡守早已溜之大吉，只有他的手下率部与陈胜死战，结果兵败被杀。

陈胜占领陈郡后，号令当地有一定势力和声望的人同来议事，其实他就是想讨论一下自己的定位问题。这些人都说："将军披坚执锐，讨伐无道，诛杀暴秦，复立楚国之社稷，劳苦功高。您应该自立为王，我们全投赞成票。"陈胜于是自立为王，建立政权"张楚"，取"张大楚国"（这个楚国是指"战国七雄"中的楚国）之意。

至此，陈胜完成了自己人生的一次飞跃。但是，得到的东西并不一定能长久拥有，他的王朝马上面临复杂人性的考验和强大秦军的打击。

上文提到的那个葛婴怀着极重的私心进行以权谋私活动。他奉陈胜之命由蕲向东巡行号令，到东城（今安徽定远东南）时，擅自立了一个叫襄强的人为楚王。明眼人一看就知道，这个襄强肯定是傀儡。葛婴醉翁之意不在酒，想控制这么一个木偶来为自己谋利益。等到他听说陈胜已自立为楚王时，立刻就知道大事不妙了。为了掩盖自己的错误行为，同时也想将功折罪讨好陈胜，葛婴就把亲手立起的楚王襄强杀了，然后回到陈胜那里邀功。谁知他功劳没到手，脑袋却先搬了家。如果错事仅仅心里想想嘴上说说，没有付诸行动还好办，一旦形成事实却又想用天真的手法掩盖，肯定无济于事。可怜的葛婴因幼稚的想法做了愚蠢的事情，自掘了坟墓。

有一员叫周文的武将来投靠陈胜。他是陈胜占领的陈郡的知名人物，据说为项燕行军预测过时辰吉凶，还曾在那个"战国四君"中楚国春申君的府里做过事，背景挺好。他对陈胜说自己懂兵法、能带兵。陈胜这时求贤若渴，只想迅速扩大战果，就给了周文将军印，让他带兵西攻咸阳。

周文一路上招降纳叛，到了戏（今陕西西安临潼区东。项羽进关时也驻军在戏，因为想攻击刘邦，所以才安排了"鸿门宴"）时，军队人数已有几十万之众。戏离秦都咸阳就不远了。

起义军都已经到戏这里了，秦二世不得不赶忙派章邯组织在骊山修建秦始皇陵的苦役犯和奴婢之子进行抵抗。那时，秦军都不在咸阳，而是分别在北方抗击匈奴、在南方丛林里作战征服少数民族。一只狮子带领的羊群能打败一只羊领队的狮群。章邯是秦朝名将，周文只是一个自言知兵的人，谁也没看到过他带兵打仗，等看到时，他已被章邯打得落花流水、自杀身亡了。这倒不能全怪陈胜不知人，因为仅从言谈上很难判断一个人的能力。

和陈胜一起出生入死的那个好兄弟吴广也殉难了。吴广在陈胜刚开始起事时立过汗马功劳，那时真是“两人同心，其利断金”。可以说，吴广对陈胜的“大泽乡起义”起了重要的推动作用。起义后，吴广被任命为“假王”。“假王”就是暂时代理王事的王，有等彻底成功以后再行封赏的意思。

吴广带领诸将向西（前文提到的那个周文也向西，但他走的是另外一条线路）加紧攻打荥阳，把荥阳团团围住。那时荥阳的守将是秦朝丞相李斯的儿子李由。李由很得士卒拥护，因此吴广未能迅速结束战斗，只得与李由打起了消耗战。

周文失利的消息传到吴广军营中，引起了极大的骚动。吴广的部将田臧就和其他人商量道：“周文兵败垂成，秦兵旦夕且至，而我们围攻荥阳却寸步难行。如果秦朝援兵突至，形成内外夹攻之势，我们必败无疑。与其坐愁行叹，莫若主动出击。我们只留少量军马困守荥阳，而尽集精锐给秦军以迎头痛击，这才是正道。然而假王吴广骄横，不知临敌应变之术，如果不杀了他夺取兵权，恐怕我们都要死无葬身之地了。”这些人合谋，假托陈胜之命杀了吴广，还把他的首级献给了陈胜。

不知陈胜是早已忘了吴广对他的好处，还是他已无法制止众将的胡作非为，他不但没责怪众将，反而任命田臧为上将。田臧派李归守荥阳，自己则率军击章邯，结果兵败身亡。接着李归也被灭。

陈胜派向东边的一路，葛婴因不忠而被他杀掉了。派向西边（向咸阳进攻）的两路，周文与吴广折戟沉沙了。他还向北边派出了一路，结局如何呢？北路军的进军目的是扩张赵地（指“战国七雄”中赵国的统治区域），由武臣、张耳、陈馀带队。

武臣到了邯郸，摆脱了陈胜的控制，就如脱缰的野马。他自立为赵王，称孤道寡起来。大家利益均沾，武臣任命陈馀为大将军，张耳为右丞相，召骚为左丞相。

武臣的自立门户让陈胜恼怒不已。他把这几人的家小都拘捕到一起，准备杀了泄愤。上柱国蔡赐说：“秦朝还没灭亡，正处用人之际，诛杀这些人的家属不但毫无意义，而且树敌太多，祸患无穷，这是何苦呢？现在我们也掌控不了他们，不如顺水推舟送个人情，就承认他们吧，也好为自己争取一些朋友。”

陈胜脑袋冷静下来一想，确实如此，就派使者去祝贺武臣的“赵国王朝开业大吉”。但他留了一手，把这些家属都软禁在自己的宫中，以作为将来讨价还价的筹码，只把张耳的儿子张敖（此人后来成为刘邦的女婿）封为“成都君”，让他去赵国找他老爸赶快发兵西击秦军。但赵国将相出于自身利益考虑，并没有奉陈胜的号令西击秦军，反而趁机扩大地盘。陈胜见此也无可奈何。

武臣后来被部将李良杀害，陈馀被韩信杀害，张耳是最幸运的，得以寿终正寝。这三个人的命运在本系列丛书之《汉初战略》中有详细的说明。

第三章　怀鬼胎各有盘算　刀架颈有死无生

赵王武臣也效仿陈胜，派一个叫韩广的人继续向北招降燕地（原燕国的统治区域，今河北东北部和北京一带）。

韩广到了燕地，广布信义，聚拢民心。燕国的旧贵族和当地豪杰对他说："楚国有陈胜称王，赵国也步其后尘，有武臣称王。我们燕地虽小，可也曾是万乘之国，位列诸侯呀。希望将军自立为燕王，我们也跟您干了。"

韩广有样学样，看武臣称赵王，自己本心痒难耐。但他有一层顾虑，他老母亲还在赵国，他是一个大孝子，怕自己的背叛行为殃及老母亲，因此迟疑不决。

这些人说道："将军大可不必担心。赵国现在西忧秦、南忧楚，自顾尚且不暇，还能拿我们怎么办？再说，陈胜倒是强大吧？可还不是顾虑重重，不敢加害赵王及其将相的家属？赵国现在根基不稳，再加上内忧外患，他们真的就敢杀害将军的家属吗？"韩广以为然，就放下顾虑，自立为燕王。

过了几个月，赵国果然把韩广的家属安然地送过来了，也没有追究他的叛变行为。

韩广倒挺幸运的，没死得那么早，后来项羽分封诸侯时把他改封为辽东王。

武臣与韩广这类人的行为让我们清楚地看到了起义军内部的不团结，后来的失败也就不足为怪了。

陈胜派周市（fú）到原“战国七雄”中魏国统治区域一带（以今河南开封为中心）策动造反，开始时还算顺利，但到了一个叫狄的地方时行动受阻了。

这里已是齐地。有一个叫田儋（dān。后来田儋被章邯杀害，其堂弟田荣继任。田荣后来与项羽交恶，被项羽杀害，田荣的亲弟弟田横接棒。田横在刘邦的打击下不甘受辱而自杀）的人杀掉狄县令，自立为齐王，自成一派，谁也不归属，根本不买陈胜的账。

周市被田儋打回原形，只得又回到魏地。他想立“战国七雄”中魏国贵族后裔有个叫“宁陵君”魏咎（后来魏咎被章邯包围，他为民请降，为了保证百姓的生命安全自焚而死。他倒是一个有情有义的硬汉。魏咎自杀后，他的弟弟魏豹继续战斗。魏豹在“楚汉战争”中反复无常，被韩信俘虏，在“荥阳大战”时被刘邦部将周苛杀害。魏豹有一个小妾薄氏后来被刘邦收下，生下了汉文帝）的做魏王来稳定局势。那时魏咎还在陈胜那里，不能回到魏地，可能是陈胜不放，怕他蛟龙入海，一去不回头。倒是有许多人要立周市为魏王，可周市坚辞不受。他可能考虑到自己威望不够，还是由魏国后人镇守魏国更为稳妥。周市派了使者往返五次，陈胜才被迫任命魏咎为魏王。周市被任命为魏相。

邓说是陈胜的部将，受命驻守在郏（今河南郏县，荥阳南，陈之西。《史记》原文为“郏”，似误）。章邯派出部下攻击邓说，邓说不敌，军队败散。邓说逃回了陈县，没想到陈胜却杀了他。

陈胜这么做完全没有道理。胜败乃兵家常事，只要邓说不是违抗将令或骄傲轻敌造成失败，完全应该再给他机会。那时起义军不敌秦军已是最明显不过的事了。陈胜这样做是不是有点心胸狭窄？这是不是造成他后来众将离心、自己惨败的原因呢？

陈胜派出的人，要么自立门户，要么血染沙场。

擒贼先擒王，陈胜最终成为秦军重点打击的对象。章邯亲率精兵攻打陈胜。上柱国蔡赐殉难，陈胜手下一员叫张贺的部将率军驻守陈县城外，与城内守军成掎角之势。章邯决定先解决掉张贺的军队。陈胜亲自出城监战，可还是抵挡不住秦军猛锐的攻势。起义军败散，张贺战死。陈胜一看，再回陈县是死路一条了，就弃城而逃，想找自己的其他队伍。可惜，在半路上他被“司机”庄贾杀害了。

庄贾提着陈胜的首级投降了秦军，章邯让庄贾留守陈县。

庄贾的无耻叛主行径激怒了吕臣。吕臣曾是陈胜的侍从，后来当了将军，跟陈胜感情深。吕臣重新组织了一支队伍，杀回陈县，把叛徒庄贾抓住，杀死了他。

宋留被陈胜派出平定了南阳。宋留继续向西北进军，准备攻打武关（今陕西商南东南，为河南通往咸阳要道上的重要关口，刘邦入秦即由此关口进入），这时听说陈胜已死，南阳又已归秦军所有，他就只好带着队伍撤退回来。回撤途中，宋留的队伍遭遇秦军伏击，万般无奈之下，他只好率队投降了秦军。宋留被送到咸阳，被车裂（“车裂”是指把四肢和头部分别绑到向五个方向奔跑的牛或马上，把人的身体撕裂成五块，也就是俗称的“五马分尸”。这是一种惨无人道的刑罚，商鞅也遭受过这种刑罚）而死。

陈胜起义时，在山东郯（tán）地也发生了变乱，秦嘉、朱鸡石、郑布和丁疾等人自成一军，攻城陷地，收获颇丰。

陈胜听说后，就派了一个叫武平君畔的人为将军，去统领这支军队，可秦嘉不买账，他自立为大司马，并且大讲武平君的坏话，说此人年纪轻轻，靠溜须拍马才得以成为将军，根本不会带兵打仗，你们别听他的命令。后来，他又假借陈胜的命令把武平君杀害了。

由此可见，陈胜的指令根本不好使。

陈胜事败后，秦嘉大喜过望，迫不及待地立了一个叫景驹（张良刚开始想投靠景驹，后来在半路上遇到刘邦就改变了主意。秦嘉拥立的景驹不被承认，后来项羽的叔父项梁把秦嘉和景驹二人都杀了。项梁立的楚怀王心成为“正宗品牌”的楚王）的人为楚王，顶替了陈胜的位置。其实，他是想以此树立自己的权威。

秦嘉派公孙庆为使者去齐王田儋那里商量联合击秦的事。刚见面，齐王就质问这个公孙庆说：“听说陈王兵败是真，可他生死未明，你们怎能擅自拥立景驹代替陈王呢？”这个公孙庆也是个倔脾气，针锋相对道：“您不请示陈王（司马迁把陈胜列入“世家”。“世家”一般是为开国诸侯或者功勋卓著能够世代相续的人立传，而陈胜政权只持续了六七个月的时间，按照这个标准，陈胜不符合，但是司马迁在《太史公自序》中提到自己创作《陈涉世家》时，考虑到“秦失其政，而陈涉发迹。诸侯作难，风起云蒸，卒亡秦族。天下之端，自涉发难”。也就是说，他认为陈胜首倡义旗，这才灭亡了秦朝，在当时陈胜属于领袖，这才把他写入“世家”。这也就是公孙庆说田儋没有请示陈胜就建立齐国属于非法行为的原因。《史记》中孔子也特殊，之所以被归于“世家”，是因为孔子拨乱反正，“为天下制仪法”）就自立为王，我们拥立楚王为什么要请示您呢？而且楚国首先举大事，理应号令天下。”

他的话说得倒是对的，但不知他的使命是什么，是抬杠去了，还是谈合作去了。要是谈合作去了，就应该尽量避开这种名义之争，而把主要的事办好，要讲明二者联合击秦的重要性，而不要在名义上打唾沫官司。这个使者不合格，是抬杠去了。

话不投机半句多，使者公孙庆被齐王田儋杀害了。

陈胜称王六个月后被杀，他的死令人惋惜。他犯了许多错误，但谁都不能否认他有一颗勇敢的心。

陈胜若按照“世家”的评估标准是不适合划归此类的，这一直为后世历史学家所诟病，但司马迁非要写《项羽本纪》《陈涉世家》，自有他的用意。

司马迁被汉武帝残酷对待，遭受奇耻大辱。他想反抗却无力对抗封建皇权，只能诉于笔下人物以宣泄满腔的怒火。陈胜、项羽这两个人物反抗暴秦的可歌可泣的壮举无疑给了他巨大的鼓舞，这种反抗精神是他最为推崇的，所以，尽管陈胜与项羽都是有缺点的人物，但司马迁还是对他们敢于挑战命运的豪迈精神进行了热情的讴歌。这两个人物倾注了司马迁强烈的个人情感，是其不屈个性的写照。

第四章　经验少军争不顺　错用人离德离心

陈胜是个失败的悲剧人物。

他为什么失败？原因有三个：一是功成忘本，二是用人不当，三是力量悬殊。

大家一定还记得陈胜在给人耕地时对他的伙伴说的“苟富贵，勿相忘”那句话吧？当时没人当真甚至被传为笑柄的那句话，前半句应验了，这属于那个时代最具爆炸性的新闻。

陈胜有一个老伙计听说他如今称孤道寡、享受荣华，就想让他提携。伙计到了王宫门口，拍门大叫他要见陈涉。宫门令，就是“保卫科科长”，以为他是个疯子，就要把他绑起来。这个伙计赶忙分辩，拿自己与陈胜的那些陈年旧事来证明自己的老友身份。宫门令听他说得有鼻子有眼睛的，将信将疑，就没有绑他，但也不给他通报。这个人也有办法——那我就等，就不相信你陈胜不出来。后来陈胜果然让他给堵着了。他拦路喊陈胜。陈胜听到了喊声，就停下车，让他上了自己的马车并带回王宫里。这个老伙计哪见过这种阵仗，口中啧啧称奇，不断地说着“夥颐”（huǒ yí。夥指“多啦、大啦、雄伟啦”等超出想象的意思）表达自己的惊叹。别人都说陈胜“夥涉为王”，有一种讥嘲“土老帽摆阔”的意味。

陈胜刚开始时对这个老伙计应该还不错，所以这人越发拿自己不当外人，逢人便说陈胜当年的一些“丑事”，只为显示自己与陈胜关系亲密。有人向陈胜进谏，说这种人愚昧无知、轻率妄言，长此以往，如果您的威信无存，那就危险了。陈胜也已受够了，而且自己起事的时候通过种种运作，把自己塑造成了一个非同凡响的人物，如今让这个无知伙计的大实话把自己头上的光环弄没了，确实恼火，就没做太多考虑把他给杀了。

有一次，陈胜的岳父和内兄来看他，陈胜自认为现在身份不同了，所以只以普通宾客之礼招待他们。他的老丈人大怒，说：“恃强而傲长者，其势必不能长久。”于是他们不辞而别。

这类事一传开，大家都认为陈胜只可同患难，不可共富贵，亲朋旧友老部下都离他远远的。

功成忘本是他失败的第一个原因。

陈胜的做法肯定是不对的。他说过富贵不相忘的话，也可能他在当时只是无心之言，却留下了无穷的后患。诺言就是债务。

笔者倒也同情陈胜。大家知道，陈胜起事时那个“篝火狐鸣”的造神故事，可谓煞费心机。好不容易树立起来的威信被老伙计破坏了，他怎能不怒？他如何御下？比如你现在是个有一定地位的人，有一些老朋友当着你的员工或客人的面叫你“铁蛋儿”“狗胜儿”之类的小名，或者硬要当着众人讲出你过去的一些尴尬笑话，你是不是脸上陪着干笑，肚里像吞了一只苍蝇?

陈胜又是怎样用人不当的呢?

陈胜的亲信既不是才能卓越的人，也不是公正无私的人。他任用朱房做中正。中正相当于掌管人事的“组织部长”，负责给各级将领官员写鉴定，他们能不能“评上职称”全靠朱房的评语。他任用胡武为司过。司过相当于“检察长”与“政法委书记”，负责纠察别人的失职。文武百官的考绩升迁和黜退刑罚都掌控在他们二人的手里。他们二人是怎么开展工作的呢?他们派遣特务与间谍暗中窥察群臣，凡是和两人关系不善者，都绕过正常司法程序，任意处罚之。陈胜用人唯亲、赏罚不明，导致众将离心离德。

用人不当是他失败的第二个原因。

秦军势力强大并且训练有素。起义军的战术水平低，再加上没有纪律，这就使得他们成为一群乌合之众。面对秦军的反扑时，陈胜毫无招架之力。

力量悬殊是他失败的第三个原因。

这就是陈胜光荣而悲惨的一生。

陈胜虽死，但他册立的王侯将相最后终于推翻了秦朝。他退出历史舞台后，项梁、项羽、刘邦等人完成了他未竟的事业。

刘邦称帝后，为陈胜设置守墓人三十家。陈胜墓到司马迁时代仍然享受以牛羊猪为供品（也就是“血食”）的祭祀。陈胜谥号为隐王。

陈胜敢于奋斗，虽败犹荣。

项羽本纪

二十四岁，起兵吴郡，巨鹿一战，扫荡了关中廿万常胜虎狼师，誓要秦关百二成齑粉，祖龙事业一时休。楚虽三户，亡秦必楚，此刻成真。

三十一时，兵败乌江，垓下之围，流尽了江东八千子弟英雄血，遥望楚水吴山生悲念，虞姬一曲乌骓泣。自立霸王，宰割天下，明日黄花。

嗣敏试对《项羽本纪》

第一章　看人性半魔半佛　分阶段在情在理

《史记》中有很多难以评价的人物，因为他们是立体的、复杂的。吴王夫差、越王勾践、伍子胥、商鞅、秦始皇、李斯、项羽、汉高祖刘邦、韩信、汉武帝刘彻，这10个人，非常复杂，任何一个人拿出来，如果要说得清楚、说得细致、说得丰满、说得让人心服口服，都可能要用厚厚的一本专著来实现。为什么他们那么难以评价？因为他们都是天使与魔鬼的结合体，都是功高盖世同时又破坏力惊人的人物，都誉满天下同时又谤满天下。

我们不能用“好”与“坏”这样简单的概念来评价他们，那是“幼儿园小班式”的评价方式。我们有时要把镜头推近或者拉远，推近看细节，拉远看格局。我们有时要用高倍望远镜来看他们的战略水平，有时要用高倍显微镜来看他们的战术水平，不这样观察，很难得到一个有意义的高质量的评价。

项羽，一个复杂的人。

复杂到什么程度？极其复杂。

《项羽本纪》是《史记》中描写得最为精彩的篇章，没有之一，就是最好，第一好。丰满的形象、生动的细节，让项羽穿越时空，仿佛就活在我们身边。司马迁描写项羽时感情很充沛。

仔细考察项羽的历史，可以分成四个阶段。

第一阶段：起义前的青少年时期（24 岁之前）。

项氏，名籍，字羽。项羽约出生在秦王嬴政十五年，即公元前 232 年，起义时是在秦二世元年，即公元前 209 年。起义时，项羽大约 24 岁，在今天来看，这是一个大学毕业之后，刚刚参加工作的年龄。虽然项氏家族因为秦始皇的兼并战争而没落下去了，但瘦死的骆驼比马大，作为贵族子弟，项羽应该能衣食无忧地度过青少年时期，可以读书、学剑、研究兵法。

史料中没有记载项羽父母的情况。项羽一直由叔父项梁抚养，两人应该情同父子。项梁的父亲项燕是楚国名将，败在秦将王翦之手。项氏世世为楚将。

由于出生在军人世家，项梁具有比较优秀的军人素养。在起兵之前，他也一直用兵法思想来指导自己做各种事情的策划工作。

项梁因为杀了人，四处避难，项羽应该随着他四处“体验生活”了。旅游总是让人增长见识的。项梁四处结交豪杰，这给他们日后起义时聚拢人气奠定了基础。

项羽大致就是在这种家庭背景和社会背景中成长起来的。

《史记·项羽本纪》记载：“籍长八尺余，力能扛鼎（gāng dǐng），才气过人，虽吴中子弟皆已惮籍矣。”项羽身高“八尺余”。秦朝的一尺约相当于现在的 23.1 厘米，八尺是 1.848 米，“八尺余”，比八尺还高，那么应该是 1.90 米左右。这样的身高，即便放在当下，也是相当高的。在当时，他一定是鹤立鸡群的。“力能扛鼎”，说明他力气出奇大。目前发现的最重的青铜鼎后母戊鼎（戊，wù。商王祖庚或祖甲为祭祀其母所铸。其母，名戊）832.84 公斤，它属于超大规格的设计，普通的青铜鼎应该没有这么重，但即使再轻，能“扛鼎”，说明项羽具有在列国比赛中取得名次的专业级运动员的素质。“才气过人”，说明他智商不低。项羽应该是非常有魅力的。

生在军人世家的项羽，身高 1.90 米左右，力能扛鼎，才气过人，天生就是当将军的材料。后来的战绩证明，他无愧于军人世家的熏陶和如此惊人的天赋。

在项梁杀人、项羽与之逃亡到吴中期间，吴中子弟都怕项羽。吴中，泛指今天太湖流域，春秋时为吴国的土地，秦时属于会（kuài）稽郡。在本篇中，吴中特指浙江湖州一带，秦时属于乌程县。吴中的江湖豪杰都害怕这叔侄俩，叔叔善谋，侄子善战。看来这两人合作，真是完美无缺。这是他们后来成为起义领袖的个人能力基础。

不过这时的项羽，也有一个非常要命的弱点，就是没常性。他学书不成，去学剑，学剑又不成。项梁发怒了。项羽给出的理由还是比较充分的：“书足以记名姓而已。剑一人敌，不足学，学万人敌。”大意是，学习文字，不过是用来记个姓名而已，而剑术只能对付一个人，要学就学能够对敌万人的本事。项梁一听，有道理，于是开始教授他兵法。然而，项羽“大喜，略知其意，又不肯竟学”。项羽就是不好学，没常性。

问题是，他可以不读书，但不能不用爱读书的下属。

刘邦不读书，但是他手下的文官集团大多是知识分子。张良是读书的，陈平是读书的，萧何是读书的，韩信也应该是读书的。刘邦在战争期间看不上那种只能背书、只能寻章摘句的读书人是可以理解的，彼时双方你死我活，就看谁能打。

有一个大儒叔孙通，非常圆滑。彼时他从来不推荐自己的儒生弟子给刘邦，而是推荐一些壮士、盗贼给刘邦，因为他们敢打敢拼。弟子们因此而不满。叔孙通说："汉王方蒙矢石争天下，诸生宁能斗乎？"刘邦冒着枪林弹雨打天下，你们能去前线打仗吗？答案显而易见。

要用什么样的读书人？

要用那种"技师型"的读书人。张良、陈平、萧何都是"技师型"的读书人。他们有文化水平，但同时也有实践经验。实践可以促进理论升华，理论可以用来指导实践。他们是有实践能力的理论家，有理论素养的实践者。

"技师型"的读书人是刘邦在打天下时最需要的人。而叔孙通的弟子们在什么时候有用？他们在天下太平后，治天下时有用。

打仗确实不是靠笔杆子打的，然而没有文化的将军，只是一个干将，很难成为统帅。孙权曾经让吕蒙多读书，吕蒙非常不理解，一再说自己忙。孙权说，你再忙还能比我忙吗？我让你读书，不是为了让你去

◎关于智囊团重要性的两个算式

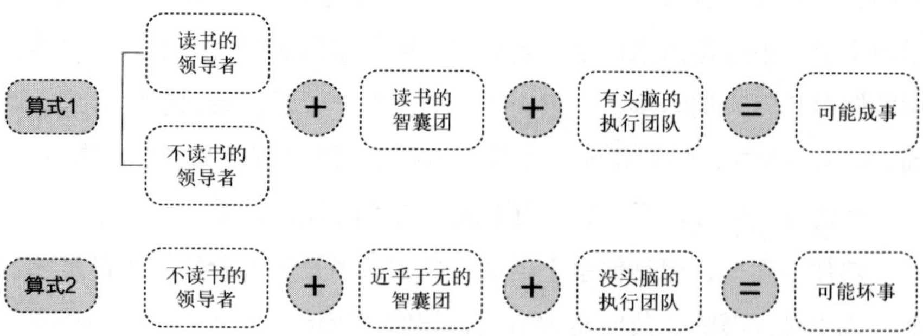

当博士，而是为了拓展你思维的广度和深度，培养战略眼光。于是吕蒙开始读书，读书的数量比一般的读书人都多，于是才有“士别三日，即更刮目相待”的典故。

项羽自己不读书，看不上读书人，不用读书人，后来深受其害。

在那时，他认识到剑术高超只能当一个剑客，要学习万人敌的本领，学习兵法，说明他有慧根，认识到了剑术的局限性和兵法谋略的重要性。然而，他后来的很多决策行为，说明他制定方法、方针、政策时，不得其法。

这恐怕源于他“不肯竟学”，没有深入研究，没有仔细思考，学得不够到位。

这就是项羽青少年时期的基本情况。

第二阶段：秦二世元年九月至汉王元年十月（约 26 个月）。

假设，秦朝确实是十恶不赦的，推翻它是一种正义的行为，那么在这一阶段，可以认为项羽代表了正义的力量。

秦二世元年七月，陈胜吴广起义。当年九月，刘邦和项氏都起兵响应。项羽一路南征北战，在巨鹿之战中大显神威。巨鹿之战也成为他军事生涯中的经典之作。然后他追着章邯打，终于迫使章邯投降。项羽摧毁了秦军的主要抵抗力量，这份功绩，无人可以比肩。

正是因为项羽吸引了秦军的主力，才让一直不被看好的刘邦军团乘虚西进，抢先攻占了咸阳。这也是项羽后来一直深感不平的原因。

第三阶段：汉王元年十月至汉王元年十二月（约 3 个月）。

在这几个月里，项羽的作为不敢恭维，他完全把自己定位为一个楚国的复仇者。

项羽是楚国的贵族，秦、楚争斗几百年，让楚国人最为痛心的是，楚怀王被秦昭王诓骗到秦国，最后客死他乡，此为国恨；让项羽最为痛心的是，他祖父辈中的项燕死在了秦将王翦之手，此为家仇。

身上背负着国恨家仇和贵族大姓特有的使命感，使得项羽对秦朝充满了刻骨的仇恨。

在这一阶段，项羽做了这样几件事：第一，新安杀降；第二，烧秦朝宫室；第三，烧秦朝藏书；第四，屠杀咸阳百姓；第五，掠夺秦朝珍宝；第六，掠夺美女；第七，杀秦王子婴；第八，杀义帝；第九，分封十八路诸侯（可是分配不公）。

第四阶段：汉王元年正月至汉高祖五年（楚汉战争时期）。

在这个阶段，就是两雄逐鹿，胜者为王。

第二章　战术强难挽败局　战略错再无胜算

在冷兵器时代，地利对于战争的胜利或者保持军事上的优势，具有非常重要的作用。然而，已经在形式上占有全国的项羽，却白白地放弃了关中之地，非得衣锦还乡，占据梁楚之地，建都彭城（今江苏徐州）。

项羽名义上拥有九个郡的土地，实际上完全占有的只四个郡的土地，因为当时对很多郡进行了拆分，当时的九个郡实际上就是秦始皇时代的四个郡。九郡指泗水郡、东阳郡、东海郡、砀（dàng）郡、薛郡、鄣（zhāng）郡、吴郡、会稽郡、东郡。

钱大昕（xīn）在《廿二史考异·卷六》中认为，项羽能够掌握的有泗水郡、砀郡、薛郡和会稽郡。关于秦朝的郡县数，有 36 郡说、41 郡说、48 郡说，即便按照 36 郡计算，项羽也只占有了九分之一的土地。

项羽占有的土地在数量上不占优势，在质量上也不占优势。我们把目光转移一下，再分析一下秦始皇兼并六国的战争。楚国本来是能与秦国抗衡的，最后秦国胜出，不论其他原因，有一个原因就是秦国的经济获得了快速发展。在《史记·货殖列传》中，司马迁夸奖道："故关中之地，于天下三分之一，而人众不过什三；然量其富，什居其六。"关中之地，土地面积约占全国三分之一，人口总数约占全国十分之三，但是经济总量则占到全国十分之六。就是这样一块富饶的土地，项羽却弃之不取。

再看一下梁楚之地。当时，地分南楚、东楚和西楚。项羽的辖区以彭城为中心，地跨今河南东部、山东西南部，以及安徽、江苏部分地区。还有说包含浙江部分地区的。彭城，故治在今江苏徐州，春秋时期属于宋国的城邑，秦置县。项羽建都于彭城，属于西楚，因此称"西楚霸王"。但是，彼时之江浙，不是此时之江浙。彼时，其经济总量不及关中地区。

关中平原四面群山环抱，有险阻要塞。假如斗争不利，可以据险自守，拒敌于外。一旦条件有利，可以立即出关，挥师东进。这已经被秦国的崛起与其兼并六国的事实所证明。可是，对秦国、秦朝怀有满腔仇恨的项羽，对秦地之利却视而不见。他所选择的建国之地，没有天然的山川险阻当屏障，非常有利于步兵推进和骑兵驰骋，是一个易攻难守的缺少战略纵深的不利之地。

后来，荀彧（yù）建议曹操占据兖（yǎn）州，选取的历史案例就是："昔高祖保关中，光武据河内，皆深根固本，以制天下。进可以胜敌，退足以坚守，故虽有困败，而终济大业。"荀彧认为，兖州就是曹操的"关中"。

刘邦占有了关中，就拥有了一块富庶的根据地。

在军事战略上，项羽没有太多值得夸赞之处，然而在军事战术上，项羽却是极有研究价值的。

巨鹿之战，项羽以少胜多、以弱克强。当时，救援赵国的有很多人，可那些人不敢和章邯军团硬碰硬，只作壁上观，只有项羽敢于虎口拔牙。他破釜沉舟，以示必死之心。《史记·项羽本纪》记载："与秦军遇，九战，绝其甬（yǒng）道。"甬道，两旁筑有墙垣（yuán）的驰道或通道，在此是指运输粮食、辎（zī）重的通道。《史记·项羽本纪》记载："杀苏角，虏王离。涉间不降楚，自烧杀。当是时，楚兵冠诸侯。诸侯军救钜（巨）鹿下者十馀（余）壁，莫敢纵兵。及楚击秦，诸将皆从壁上观。楚战士无不一以当十，楚兵呼声动天，诸侯军无不人人惴（zhuì）恐。"

因为《史记》记载得比较简略，所以更多细节不得而知。可是，读者从这字里行间，依然能感受到项羽军团的英勇善战——杀死苏角，俘虏王离，涉间不投降，自焚而死。当时前来巨鹿救援的诸侯有十多个，他们扎下大营，只是坚守，不敢出战。即使项羽已经带头冲锋，他们也还是不敢出战。楚军的奋力杀敌，即便旁观者，都觉得惊心动魄。

此后，项羽攻破章邯的战役，没有更多细节，但项羽一定有很多战术创新，这个不用怀疑。

当项羽去山东征讨田荣时，刘邦带领诸侯联军乘虚攻入项羽的老巢彭城。联军兵力有五十六万。刘邦犯了老毛病，又"饮酒高会"。项羽听说后，让手下将领继续攻打齐国，自己则带领精兵三万，早上抵达彭城，到了中午时分，只用几个小时，就击溃了刘邦的军队。项羽一路追亡逐北，杀汉军十余万人。他继续追赶，追到睢水（睢，suī。睢水，中国古代著名河流），又把汉军十余万人赶入睢水。睢水被堵塞得流不动了。如果不是天气出现了强气流，刘邦这次可能就一命呜呼了。

项羽以三万精兵，打得汉军损失三十万兵力，这种战斗力是相当惊人的。这虽然是一次大会战，但不是战略性的决战。只要没有铲除刘邦，就不算完全胜利。

等到垓（gāi）下之战时，项羽只剩二十八骑。汉军里三层外三层地包围了项羽，可是项羽一个冲锋，就斩了汉军一个都尉，杀死汉军士卒近百人，而自己只损失了两名骑兵，损失比是一比五十。这种成绩，古之名将，没有几个能超过的。

然而，这是名将的战术水平高超，却不是统帅的战略水平高超。

项羽在年轻时，学书不成，学剑不成，学兵法也没有学透，这确实说明他内心浮躁。值得赞赏的是，在军事战术指挥水平上，项羽确实是一个天才。

然而对于谋略的不纯熟，是他人生最大的败点。

第三章 选体制沉浮谁主 一路杀痛失人和

很多人认为，天下本来是项羽的，可是被刘邦使用小人手段给窃取了。

其实，当时天下已经在项羽手里了，“政由羽出”。但是他能夺取天下，真能治理好天下吗？可以比较肯定地说，不能。不能治理好天下，天下就不是他的。

当时，项羽要想拥有天下，只有选择“皇帝制度+中央集权制度”才可能成功，但是，他选择了“分封制度+霸主模式”。这种模式，在吴王夫差时代，就已经落后了，只有在齐桓公、晋文公时代，才是一种流行的、可行的管理模式。

从项羽（约公元前232年至公元前202年）上推到吴王夫差（公元前495年至公元前473年）时代，约250年，如果上推到齐桓公（公元前685年至公元前643年）、晋文公（公元前636年至公元前628年）时代，约400年。也就是说，项羽的政治思想至少落后了几百年。

◎吴王夫差与项羽的对比

吴王夫差		项羽
军事强人+政治侏儒	定位	军事强人+政治侏儒
吴王阖闾（父亲）	父辈	项梁（叔父）
西施（据说）	宠姬	虞姬
伍子胥	类似父亲的谋臣	范增
被逼自杀	谋臣的结局	被逼出走，上火而亡
效率驱动+兼并战争	大时代背景	皇帝制度+中央集权
充当霸主	个人理想	分封制度+充当霸主
中等偏上	战略水平	中等偏上
同时代一流水平	战术水平	同时代一流水平
中等偏下	政治水平	中等偏下
下等	外交水平	下等
一般	经济实力	一般
一般	用人能力	一般
放勾践一马	相似的错误	放刘邦一马
黄池大会	辉煌时刻	进入咸阳
夫椒之战，败越；艾陵之战，败齐	知名胜仗	巨鹿大战，败秦；彭城大战，败汉
笠泽之战	知名败仗	垓下之战
自杀	结局	自杀
为之惋惜	大多数后人的态度	为之惋惜

当时，秦始皇实行“皇帝制度+中央集权制度”，加上秦二世的 3 年统治时间，这种制度的存在只有 15 年左右。可以说，当时六国贵族都是极其反对这种制度的，因为实施这种制度，贵族特权不再存在。在这种制度之下，秦始皇的其他儿子都没有尺寸之封，何况外人？因此，一旦项羽推行分封制度，短时间看是非常符合各路起义军领袖的心愿的。然而，这种制度注定是难以推行的，正如陈馀所说，“项羽为天下宰，不平”。刚刚平稳的社会，马上又陷入诸侯争霸的乱局。

项羽选择此种政治制度模式，看不到范增的态度。如果他也表示赞同，那就只能说明他的战略眼光很有局限。分封诸侯可能是项羽的意思，可能是他的政治理想，也可能是他对现实的妥协。

刘邦则不然，他看到了“皇帝制度+中央集权制度”模式在建立稳固统治上的优越性。虽然在迫不得已的情况下，他也做了两次战略性妥协，一次是“郡县制（主）+异姓诸侯王（辅）”模式，一次是“郡县制（主）+同姓诸侯王（辅）”模式。但是，只要条件成熟了，刘邦立刻就会采取手段，剪除不利于实现大一统的潜在势力。铲除异姓诸侯王，是刘邦在任上完成的，因为在刘邦的战略构想中，异姓诸侯王已经成为王朝的潜在威胁。韩信、彭越、英布（也叫黥布，本是一个囚徒，生逢乱世，置之死地而后生，投身反秦事业，先归顺项梁，项梁死后追随项羽，后被刘邦拉拢，投靠刘氏集团，建汉以后又被逼造反，被刘邦击毙，一生坎坷）等异姓诸侯王必须铲除，这是当时的政治体制决定了的，不可逆。

因此，从一开始，项羽对分封出去的诸侯，就基本失去了控制能力，连和他关系最铁的英布，都只盘算自己的利益。按照项羽的想法，如果天下有事，自己登高一呼，带领诸侯联军完全可以摆平少数派的捣乱。可是如果这些人都站到了刘邦那一边，他该怎么办？因此，他到后来，越打越累，虽然在战术上不断取得胜利，但是战略的天平完全倾斜到了刘邦一方。

在楚汉战争中，项羽想向臣服于自己的诸侯征兵征粮，基本没有达成心愿。《史记·黥布列传》记载："项王往击齐，征兵九江，九江王布称病不往，遣将将数千人行。汉之败楚彭城，布又称病不佐楚。项王由此怨布。"第一次，项羽去征讨田荣，英布称病不去，只派遣将领带领几千士卒前去助阵。第二次，刘邦乘虚偷袭彭城，英布也没有派兵助阵，于是项羽怨恨英布，两个人产生了嫌隙。最后，刘邦的谋士随何抓住了英布的痛点，英布投降了刘邦。

在巨鹿之战中，英布勇冠三军，是项羽的左膀右臂，是其嫡系，连他都如此，何况别人?

人都是自私的，不要轻易责备英布。

再看刘邦的做法。

汉王二年六月，刘邦立吕后生的刘盈为太子。《史记·高祖本纪》："令太子守栎阳，诸侯子在关中者皆集栎阳为卫。"刘盈守卫栎阳，刘邦命令诸侯在关中地区的儿子，都集中到栎阳，护卫太子。这是明面的意思，实际上就是把归附于自己的诸侯的儿子，都当作人质，挟持起来，让那些诸侯投鼠忌器。

汉王三年，成皋（gāo）之战时，刘邦缺兵少将，于是他独自一人，只让夏侯婴驾车，逃出成皋的玉门，向北渡过黄河，在修武住了一晚，大清早的时候，"自称使者，晨驰入张耳、韩信壁，而夺之军"。当时，张耳、韩信两人还没有起床，起床之后才知道刘邦亲自来了，而且调兵的印信都已经被刘邦夺去，两人大惊。

在对诸侯王进行强力管控的过程中，韩信一直是刘邦重点管控的对

◎夏侯婴先生的人生小档案

基本情况	1.籍贯	沛（今属江苏）
	2.职务	太仆
	3.爵位	七大夫（刘邦为沛公） 昭平侯（刘邦称汉王） 汝阴侯（刘邦称帝）
	4.生卒	？—前172
	5 谥号	文
职场达人	太仆 汉朝“F1车队”首席车手	太仆，九卿之一，银印青绶，秩中两千石。掌皇帝舆马，兼主马政。他历任汉高祖、吕太后、惠帝、文帝之太仆，可见其受信任程度
对历史的最大贡献	刀下救出韩信	韩信犯法当斩，是夏侯婴救了韩信，才给汉朝历史增添了色彩
对汉朝的最大贡献	救援汉惠帝	刘邦彭城大败后，抛子弃女，是夏侯婴救了汉惠帝和鲁元公主
	拥立汉文帝	作为功臣派之一，拥立汉文帝即皇帝位
当伯乐的价值	欣赏刘邦	当刘邦是泗水亭长时，两人就是知己，他为刘邦挡事
	发掘韩信	在萧何推荐韩信之前，他最先推荐韩信，只是刘邦没有用韩信而已
	保护季布	他通过季布之事，让刘邦懂得王者应抛开私怨的道理
	推荐薛公	英布谋反后，他推荐门客薛公，给刘邦做过精彩的战略分析
简单结论	汉朝伯乐	此人不算文能安邦武能定国之人，可因为有伯乐眼，显得极有人格魅力

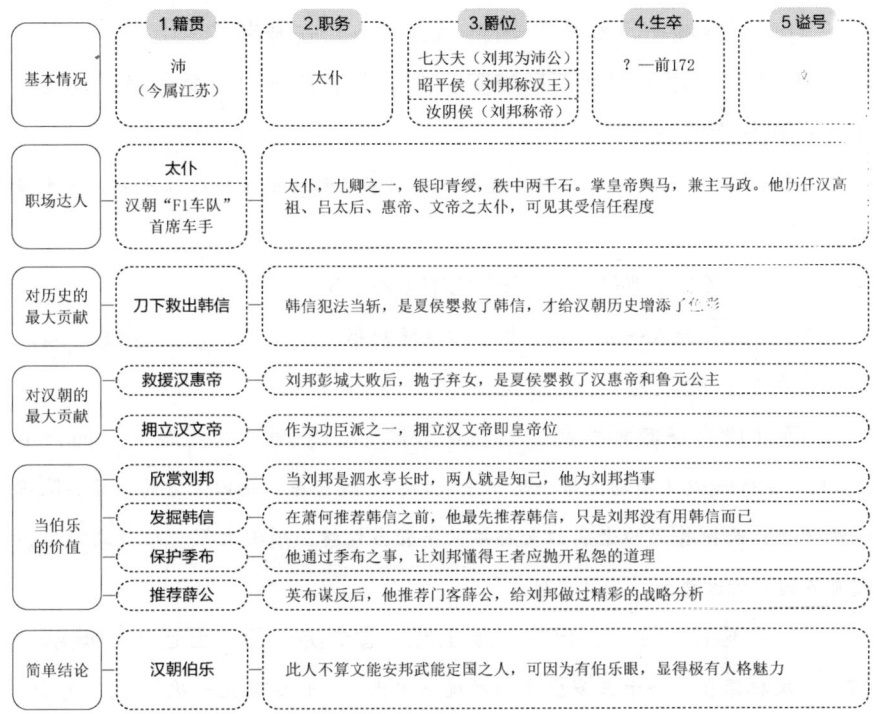

象。刘邦多次剥夺韩信的兵权，抢夺韩信的兵力。韩信只要积累了一些家底，就会被刘邦夺去。

项羽有摧毁旧王朝的能力，却没有建立新王朝的能力。刘项之争与吴越之争，具有惊人的相似度。

项羽失败，最大的原因就是太好杀。

据《史记·项羽本纪》记载：

“项梁前使项羽别攻襄城，襄城坚守不下。已拔，皆坑之。”

“项梁使沛公（刘邦）及项羽别攻城阳，屠之。”

“项羽晨朝上将军宋义，即其帐中斩宋义头。”

“于是楚军夜击坑秦卒二十馀（余）万人新安城南。”

“居数日，项羽引兵西屠咸阳，杀秦降王子婴，烧秦宫室，火三月不灭；收其货宝妇女而东。”

“项王闻之，烹说者（因为说者说项羽不定都关中而想衣锦还乡，是沐猴而冠）。”

“乃阴令衡山、临江王击杀之江中（杀义帝）。”

“韩王成（此人一死，张良铁了心跟随刘邦）无军功，项王不使之国，与俱至彭城，废以为侯，已又杀之。”

“遂北烧夷齐城郭室屋，皆坑田荣降卒，系虏其老弱妇女。徇齐至北海，多所残灭（项羽大军一路铲平城墙，烧毁房屋，把田荣方面的降兵降将统统活埋，而把普通的老弱妇女都抓回军营当奴婢。项羽大军一路打到海边，横贯齐国，所过之处，一片废墟）。”

“外黄不下。数日，已降，项王怒，悉令男子年十五已上诣城东，欲（此次犯罪在一个十三岁少年的劝说下中止了。但这只是一次例外，项羽的屠刀差点挥下）坑之。”

项羽就是这样一路杀下来，把人心都失去了。

有人说，项羽比刘邦道德高尚。杀降卒、杀子婴、杀普通百姓、打砸抢烧，做出这些事情的人，道德真的高尚？

第四章　焚诗书项羽接力　摧文化独夫民贼

在秦末农民起义当中，有五个人具有竞争最高领袖的资格：

第一人，陈胜。如果按照才能，陈胜是无法成为最高领袖的。但是如果陈胜能活下来，如果他后来能够在实践中增长见识和才干，他最起码有资格。

第二人，项梁。如果项梁活着，刘邦就真不一定是对手。项梁是名将，深通谋略，具有政治才干，家世、威望、才能都有，是综合素质最高的选手。然而，他运气不佳，活得不够长，这是非常可惜的。如果他活着，楚汉之争会更加精彩。

第三人，项羽。项羽已经把天下抓到手里了，可是又让它悄悄溜走了。至于原因，已经探讨过了。

第四人，韩信。在军事才能上，韩信具有逐鹿中原的实力。可惜的是，他与项羽一样，都是名将，是军事天才，可都欠缺政治才能。

第五人，刘邦。刘邦文不能安邦，武不能定国，可是能够安邦定国的人，都甘愿当他的手下。这就是领导水平。他懂生活、懂社会、懂政治，是一个天生的“政委型”领导人。能聚人、善听、多谋、善断，这些才是最高战略决策者应有的素质。

此前说过，项羽在起兵的时候 24 周岁左右，去世的时候，才 31 周岁左右。他太年轻了，不知道人性之复杂、人生之复杂、社会之复杂、管理之复杂和政治之复杂。他的成功来得还是比较容易的。一个贵族，一直高高在上、俯视众生，很难知道各个层次的人都有什么需求。因此，他的管理漏洞百出。

能够弥补项羽短处的人，不是范增，而是项梁。只有“项梁+项羽”的组合，才能抗衡刘邦。项梁有政治家的才能，项羽有军事家的才能，这两个人的组合，才可能团结大多数人，才能用“谋略+拳头”打江山和坐江山。

可惜的是，项羽真正的精神导师和血缘至亲，一个最能降服他的人，项梁，过早地去世了。突然，一个二十六七岁的年轻人掌握了分割天下的权力，公司突然上市了，成功突然来临了。其实，他只想了如何推翻旧王朝的问题，根本没有想建设新王朝的问题。

当时的项羽，不想接过秦始皇的接力棒，相反，他“逢秦必反”，“凡是秦始皇建设的，我都打碎；凡是秦始皇支持的，我都反对。”他不想用“秦朝模式”，不想用“皇帝制度+中央集权制度”，想创作“项羽模式”，用“分封制度+霸主模式”。从当时的条件看，如果他这么做了，就是把列国重新拉回纷争的战国时代。这是一种时代的倒退。

仔细分析项羽的种种行为发现，他其实就是一个没有真正成熟的大男孩。

相反，刘邦却有政治敏锐性、历史自觉性。他知道秦朝模式的高效、直接，他也知道自己没有创造“刘邦模式”的能力，他只需要接过“秦朝模式”并做一些修补和调整，最终形成“汉朝模式”，就可以了。

历史证明，刘邦成功了。

刘邦（公元前 256 或公元前 247 年至公元前 195 年），其出生年份有争议。如果刘邦的出生年份是公元前 256 年，那就是秦昭王五十一年，而秦始皇是公元前 259 年（秦昭王四十八年）出生的，刘邦比秦始皇小 3 岁。如果刘邦的出生年份是公元前 247 年，则为秦庄襄王三年，第二年则为秦王嬴政元年（公元前 246 年）。

笔者倾向于刘邦公元前 256 年出生，那么在公元前 209 年（秦二世元年）他起兵时，约 48 周岁，而在公元前 195 年他去世时，约 62 周岁。

一个 48 岁的人对阵一个 24 岁的人，如果拼体力，刘邦应该不是项羽的对手。可是，48 岁，对于搞政治的人来说，正值青春年少。“政治青春”要比“肉体青春”晚 20 年来临。刘项对决时，项羽正处于“肉体青春”的巅峰，而刘邦则是“政治青春”来到了。

当项羽要与刘邦单独决斗时，刘邦说：“吾宁斗智，不斗力。”你可以说刘邦“熊包”，可如果刘邦真去与项羽决斗，那么他就该被淘汰出局了，历史会选择另外一个人主宰天下，因为刘邦的智商就不合格了。

搞政治是政策、方针、方法的综合运用，而不是两个骑士之间的对决。

生活当中的人，有正面案例，有反面教材；历史当中的人，同样有正面案例，有反面教材。大多数人都想走康庄大路，都想有一个成功的人生，因此，以正面案例为榜样，以反面教材为镜子，是大多数人学习或者读书的目的。

项羽的历史价值，可能在这里：

第一，如果一个人丧失了天时地利人和，即使拿一手好牌，也能打得稀烂，而如果一个人掌握了天时地利人和，即使拿一手烂牌，也能打出高段位来。

第二，历史是向前发展的，如果你不能给现实或未来一个最佳的解决方案，你不但没有未来，而且也不可能解决现实的问题。

第三，缺少战略眼光的危害是非常明显的。人无远虑必有近忧，太有远虑也有近忧。远虑就是战略的一种。有的事情战略意义大于战术意义，有的事情战术意义大于战略意义，二者千万不可混淆。同时，只有战略没有战术，就是空头战略，而战术使用得正确，不能代替战略定位的准确。你可能赢了每一场战争，但是如果战略错误，你在最后一场战争中可能输掉一切。

第四，历史总是会把两个人放在同一个棋盘上，相生相克，就像太极中的阴阳。

第五，摧毁一个旧世界不容易，建设一个新世界更难。

从个人感情来说，笔者不喜欢项羽这样的人。但如果是一个真正的历史学家，应该是没有个人好恶的。

笔者不喜欢项羽的一个主要原因是，他摧毁文化遗产。

大家都知道秦始皇焚书坑儒。说到秦始皇焚书，他当时主要焚两种书：一种是六国的历史书，另一种是百姓私藏的《诗经》《尚书》及百家言论。他和李斯认为，六国的历史书里有很多妖魔化秦国或者谩骂秦国的文字；《诗经》《尚书》及百家言论妨碍法（刑）治的推行。他们主要是烧有思想的人文类书籍，而对于科技类书籍，则网开一面。

虽然李斯颁布了《焚书令》，可就是有不怕死的，用生命来保护经典。最后的事实证明，秦始皇没有完全“成功”。

秦始皇和李斯不让民间藏书，但在秦朝的“中央图书馆”里，却保留了相对完整的藏书，以供博士官进行学术研究。

项羽进咸阳以后，打砸抢烧，连人命都满不在乎，何况秦朝的文件与藏书？在咸阳大火的烈焰之下，一定有很多文化典籍化为灰烬。也就是说，秦始皇没有完成的“焚书事业”，项羽完成了。

可如果说，项羽把所有的藏书付之一炬，也确实冤枉了他。这不是他良心发现，及时终止，而是有人在此之前已秘密转移了秦朝的文件和藏书。

这个人就是萧何。

刘邦军团是在汉王元年十月进入咸阳的，项羽是十二月进的，在这中间有大约两个月的时间差。《史记·萧相国世家》记载：“沛公至咸阳，诸将皆争走金帛财物之府分之，何独先入收秦丞相御史律令图书藏之。”刘邦的军队开进咸阳之后，所有将领都争先恐后地跑到了秦朝收藏金帛财物的官府中去，想着瓜分金银财宝，只有萧何独具慧眼，不被金银财宝所诱惑，首先收集由秦朝丞相和御史保管的法令、文书、图册、户籍等。那时的御史，肩负史官的职责。

这些宝贵的资料，是楚汉战争时，刘邦集团进行战略决策的重要参考资料。有了秦朝的这些“大数据”，刘邦集团就大致知道天下的情况了。这些资料也是治理国家时的重要参考资料，还是司马迁创作《史记》的资料来源之一。

哪怕萧何只做了这一件事，他都是当之无愧的千古贤相。如果不是萧何提前搬运，项羽对中华文明所犯下的罪责将更大。

然而，秦朝的文件和藏书一定非常多，因为在当时，秦朝对全国进行有效管控，主要就靠这些资料，加上有几百年的积累，当时又主要以竹简为载体，体积庞大，而萧何进到咸阳之后，还有很多事情需要安排，不是只有这一件事，所以他是否完全抢救出来了，不得而知，他是否进行了有效辨别，很难说。但司马迁创作《史记》时，看过《秦记》，似乎是萧何抢救出来的资料。还有人批评萧何，抢救的重心在于秦朝的档案，而忽视了其他资料。这是有可能的，因为当时摆在萧何面前的主要任务，还是军事斗争，他不得不首先关注有利于进行战略决策的资料。

如果当时没有人做这件事，那才是真正的“文化浩劫”。

第五章　万人敌不肯竟学　始皇可取而代之

项羽是楚国的没落贵族。本来他家不姓项，是因为世世代代被封在项地（今河南境内），才改称“项氏”。

项羽的叔祖项燕是楚国名将，在秦始皇的兼并战争中，被秦国大将王翦杀害了。项家与秦始皇可谓既有家仇，又有国恨。

可惜，秦始皇在世时，项羽毫无报仇复国的希望。

项羽小的时候，学书不成，去学剑，但学剑也还是半途而废。叔父项梁（其父就是项燕）恼羞成怒，准备给他一顿好打。项羽振振有词地辩解道：“学书只是能记载一些名姓罢了，那只是书呆子才津津乐道的。学剑也没什么了不起，只是一人敌。要学就学万人敌，学谋略。”项梁一听挺高兴——原来他的志向倒不小。孺子可教，倒怪自己有眼不识金镶玉了。于是，项梁决定教项羽兵法。项羽大喜。可惜，像项羽这种做事单纯从感性出发的人，往往是“常立志”，新鲜感一过，又不肯学到底了。

项羽学书不成，学剑不成，学兵法也不成，是个标准的“半瓶醋”。“样样通，样样松”是失败者的通病。在任何时代，“一瓶不满，半瓶晃荡”都会成为人前进的致命伤。

项羽不学“一人敌”的剑法，要学“万人敌”的雄韬伟略，说明当时他也知道“匹夫之勇”无用。但他“知道”并不等于“深刻认识”到了，他之后的行为无不处处违背他的初衷。

项梁因为杀了人不能在老家待着了，就带着项羽和他一同躲到吴中。虽然爷儿俩是逃犯，但项梁的知名度极高，吴中的社会名流还是唯项梁马首是瞻，尊其为“大哥大”。

每当吴中举办丧事或大征徭役时，都由项梁出面主持。项梁私下用兵法条例约束宾客及子弟，调度得当，俨然用兵。他赏罚分明，恩威并济，体现了卓越的组织才能，深孚众望。

一次，秦始皇到会稽“旅游”，豪华的“车队”被项羽看到了。项羽热血上涌，口无遮拦，说了一句“彼可取而代也”，意思是秦始皇也没什么了不起，什么“君权神授”，我也能坐皇帝宝座。项梁吓得急忙掩住他的嘴说：“别乱讲，说这样大逆不道的话要被灭族的。”但看项羽敢这样讲话，项梁对他倒也另眼相看了，认为他有奇志。

项羽身高 1.90 米左右，力能扛鼎，并且才气过人，吴中子弟对他又敬又怕。

项羽的豪言壮语听起来让人提气，但他的这种说话不经考虑的方式不值得我们学习。我们可以做一个假设，如果项羽因为这句话让人告密了，查到头上他必死无疑，哪还有什么机会做“西楚霸王”？留得有益之身，勿做无谓之事。在当时的专制高压之下，罗织罪名尚能致人死命，何况说这种落人口实的“反动话语”。

病从口入，祸从口出。这不是敢不敢说的问题，而是有无必要说的问题。陈胜大声疾呼“王侯将相宁有种乎”“壮士不死即已，死即举大名耳”，是因为在紧要关头，必须把口号宣之于众，这是战斗的檄文，这是对命运的挑战。

项羽太不成熟，一张嘴就要惹祸的节奏。

第六章　项梁招八千子弟　范增谏立楚之后

历史给了项羽巨大的机遇。

陈胜大泽乡起义的怒火迅速席卷神州大地，天下云集响应。各种势力纷纷揭竿而起，用冠冕堂皇的口号掩盖自己不可告人的目的，并且都抓紧时机扩充自己的实力。

项梁、项羽早就恨不得天下大乱。正愁无门无路之时，当地的郡守找来项梁商议起兵一事，这正中他的下怀。郡守说："如今天下大乱，正是灭秦之时。我深知先发制人、后发制于人的道理，我准备起兵，想要你和桓楚带兵，怎么样？"项梁大喜过望，回复他说："好！但是桓楚现在四处逃亡，行踪漂泊，没有人知道他的落脚点，唯有我侄儿项羽知道，我叫他进来吧。"

项梁出了郡守府衙，找到项羽后，附耳低言，暗授秘计。项梁回屋坐定，得到郡守的同意，召见项羽。项羽进来后，项梁向项羽使眼色，郡守还没明白怎么回事就成了项羽的刀下之鬼。

项羽斩下了郡守的头颅。项梁毫无羞愧之感，带了郡守的印信冲出府衙，有反抗者格杀勿论，剩下被吓破了胆的，都趴在地上不敢动。

项梁于是召集黑白两道的首脑商议举大事，野心勃勃的纷纷附和，胆小如鼠的唯唯诺诺，中间派见大局已定，抱着好汉不吃眼前亏的态度也表示同意，于是全票通过，他们决定起义，得精兵八千人。这八千人就是项羽口中的“八千子弟”，是项羽军队的班底，是正宗的“嫡系中央军”。

如前所言，项梁一直在利用一切机会练习兵法，如今真的打起来了，他毫无艰涩之感。他迅速建制，组成了一支颇有章法的军队。

有一人不得委用，找项梁评理。项梁说：“我观察你很久了，有一回让你主办某事，你搞得一塌糊涂。现在这是军旅大计，你小事办不好，我怎能放心授给你大事？”众皆叹服。

连小事都做不好，让人凭什么相信你的能力？这个宾客没有得到项梁的认可，是因为他在日常做事时没有通过项梁的考核。

项羽正式起兵了。

陈胜首倡义旗后，天下云集响应。当时有一个叫召平的广陵（今江苏扬州）人奉陈胜之命回老家广陵做“策反”工作，但没有成功。

陈胜被秦将章邯杀害后，起义军处于群龙无首的境地。召平一想，事已至此，怎么也不能无功而返。于是乎，他找到了项梁，假托陈胜之命，拜项梁为“上柱国”（地位仅次于令尹），劝项梁逢此天下大乱之际，迅速扩充实力。那时烽烟四起，各地诸侯拥兵自重。要想迅速扩大战果，最好的方式就是鲸吞或控制其他势力，尽管这种激进的行为隐藏着巨大的祸患，但是项梁饥不择食，顾不得许多了。

那时，项梁想联合的队伍是由陈婴率领的。陈婴是秦时东阳县的一个小吏，向来诚实谨慎（素信谨），被称为长者。东阳县县令被人杀了，暴徒相聚数千人，找不到合适的领导人，就请陈婴出马。陈婴一番谦虚一番推让，但推辞不掉，被强立为首脑。

队伍扩大到两万人左右，众人想立陈婴为王，建立一支与众不同、独立建制的“特种部队”。陈婴的老妈不同意他称王，说：“自我嫁给你爸（自我为汝家妇），还没听说你家祖坟冒过青气（未尝闻，汝先古之有贵者）。现在天上掉下一个金元宝，未必是什么好事（今暴得大名，不祥）。你不如不做‘法人’，只做一个‘股东’（不如有所属）。成功了，你分红得利，失败了，他们都找‘法人’的晦气，你不但能逃避制裁，还不必被人指指点点、戳脊梁骨（事成犹得封侯，事败易以亡，非世所指名也）。”

这是一位母亲的老成之见——别当出头鸟。笔者也常被母亲授以这样的机宜。

于是，陈婴接受了这个两全其美之计。他对下属说，项氏世代将才，有名望。今欲举大事，非项梁不可。我们倚靠这座大山，必能亡秦。就这样，项梁联合了陈婴的队伍，又接纳了英布和蒲将军（其人不详）的队伍，实力大为增强，有六七万人，驻扎在下邳。

这时，发生了一件令项梁不愉快的事情。

上文说过，陈胜这时已死，但消息未得到证实。当时普遍认为，只有陈胜认可与批准的行为才是合理合法的，最起码表面上是这样。

在陈胜生死不明之时，有一个叫秦嘉的人却立了楚国没落贵族景驹为楚王，驻军彭城（彭城后来成了项羽的国都）东。项梁认为自己是楚国的正宗，秦嘉没有和自己商量就自作主张立景驹为王，实在可气。更为可气的是，他还想攻击自己。于是项梁搬出陈胜，用大帽子压人，否定了景驹与秦嘉的合法性，并且果断出击攻打他们。景驹与秦嘉都死于非命。

项梁占领薛地（今山东滕州东南）后，派项羽攻打襄城（今河南襄城）。项羽这位超级大帅哥粉墨登场了。但他出师不利，襄城久攻不下，超出了项羽的忍耐极限。城破之日，项羽没留活口，坑杀了所有俘虏。

不知道项羽损兵折将要一座空城有什么意义。这个不谙世事的公子哥从一开始就暴露了自己的凶残本性，日后他也独吞了因为意气用事、不顾后果而酿成的苦酒。

这时，陈胜已死的消息得到了确认。在这权力真空时期，项梁赶忙召集诸将在薛地同商大计，制定政治军事发展战略蓝图，解决做什么、怎么办、向何处去的重大路线问题。

项羽的死对头、四百年汉室江山的缔造者刘邦也来议事，投靠了项氏集团。他和项羽成了亲密的战友、磕头的兄弟。只可惜好景不长，最后他们同室操戈、反目成仇了。这是后话。

任何一个集团若想成点气候，都要文武人才兼备，除了能打仗的，还需要文胆，需要智囊，需要团队长远发展的总设计师。项氏集团也不能例外。

在居巢（今安徽境内）有一个隐士叫范增，年七十，好奇计，一直隐居。或许静极思动，或许欲图功名，总之，在如火如荼的起义大潮中，他也耐不住寂寞。

再三观察评估后，他决定投归项氏集团。他向项梁进言："陈胜的失败理所当然。被秦始皇灭掉的六国中，要属楚国最无辜，且楚怀王（楚怀王头脑比较简单，不辨忠奸，被权臣靳尚、宠姬郑袖、辩士张仪玩弄于股掌之间，最后又被秦昭王欺骗，死于秦国）因为被秦昭王（秦始皇的曾祖父。秦昭王假装和谈，把楚怀王骗到秦国，然后要挟楚国割让土地）欺骗，枉死他乡，楚国人怜（可怜倒是可怜，只可惜，可怜之人也有可恨之处）之至今。

楚国的南公说过‘楚虽三户，亡秦必楚’。陈胜首先发难，不立楚国后裔而自己独揽大权，暴露了他的私心，必然不能长久。今将军起兵江东，楚人蜂拥而起拥立你，是因为你们项氏世代为楚将，能立楚王的后代呀！”

项梁采纳了范增的建议，制定了正确的战略方针，找到了楚怀王流落在民间给人放羊的叫心的孙子立为楚王。这时的楚王只是一面旗帜、一个代号罢了。

为了唤起人们的思旧之情，心也叫楚怀王。这一着起到了聚拢人心的作用，最大限度地团结了楚国一切可以团结的力量，吸纳了广泛的社会资源。

陈婴被封为上柱国，项梁自号武信君。

第七章　懈怠生骄兵必败　宋义封卿子冠军

势利使人争。

陈胜起义以后，被秦始皇灭掉的六国破落贵族趁着天下大乱，纷纷拥立各国贵族后裔为王。

齐人先在齐地拥立了田儋为齐王。田儋被章邯杀害以后，继任的齐王是田假（被秦始皇灭掉的齐国末代齐王田建之弟）。但田假被田儋的堂弟田荣赶跑了。田荣立了田儋的儿子田市为齐王。田假跑到项梁那儿去寻求“政治庇护”，田假的丞相田角和弟弟田间跑到赵国也不敢回来了。

项梁想要主动出击，发兵攻打秦军主力，于是就招呼各路诸侯一同发兵。田荣不听招呼，就是不发兵。他说要发兵的话，有条件，就是项梁杀掉田假，并且赵国杀掉田角和田间。如果不满足此条件，其他的就免谈了。项梁说：“田假曾是我的同盟者，穷困潦倒之时来投奔我，我怎能乘人之危下杀手呢？”

项梁倒是挺讲良心的，拒绝杀田假。赵国也拒绝杀田角与田间。田荣则说到做到，就是不肯发兵援楚。齐国自此自绝于诸侯，后来被韩信所破。

项梁暂时拿齐国没办法，就联合其他义军向西攻打秦军。他们着实打了几个胜仗。秦丞相李斯的儿子李由也是这时被联军杀害的。

打胜仗就骄傲，打败仗就气馁，英雄如项梁，也不能逃出这俗人的境界。

项梁打了几场胜仗后，自高自大起来，益轻秦，有骄色。有一个叫宋义的参谋劝项梁："战胜而将骄卒惰者败。今卒少惰矣，秦兵日益，臣为君畏之。"

这句话值得好好分析一下。宋义说失败有三个条件，一是战胜了，二是将骄了，三是卒惰了。

一般来说，骄傲总是出现在成功或胜利之后，因为人在失败或低谷状态，往往有一种悲情意识，甚至因为备受打击而正咬牙励志欲图大事呢。人在这时一般都能谦虚谨慎，谦恭下士，显著的特征就是能听逆耳之言，能多角度地思考问题，基本能做出正确的判断。有一种人，低微时的谦虚谨慎是装出来的，一旦成功了，就开始为所欲为，甚至飞扬跋扈起来；有一种人，在成功之后就不思进取了，只想睡在功劳簿上，失去了斗志；还有一种人，因为苦得太久了，就想放松一下，意志就在不知不觉中销蚀掉了。

不重视对手，必败无疑。

宋义是比较讲究进言策略和说话艺术的。现在主要的问题是"将骄"，但他只指出了"卒惰"，并没有毫无顾忌、不讲方法地刺激项梁。可惜，项梁不听，也可能没听懂。老百姓说"小心驶得万年船"，这种"小心"就是一种重视。项梁的军旅之"舟"已处于风雨飘摇之中，但他却浑然不觉。

项梁没有采取防备措施，还派了宋义出使齐国，可能是去谈合兵攻秦之事。在半道上，宋义遇到了齐国派来给项梁传话的使者高陵君显。宋义问他是不是去项梁那儿，他回答："是的。"宋义说："项梁军必败，公徐行即免死，疾行则及祸。"宋义的意思是说，你慢点儿走吧，晚点儿到，到早了会一起没命的。果不其然，秦朝把精锐部队都调给了章邯。在章邯的猛烈攻击下，项梁兵败被杀。

但是，章邯犯了一个大错误。他大破楚军，杀了项梁，就转移目标了，并没有完全摧毁楚军的战斗意志、指挥中枢和有生力量。也就是说，章邯办事不彻底，斩草没有除根，忽略了日后震动历史的两个大人物：项羽和刘邦。章邯如果抱定各个击毙的方针，彻底打垮楚军，历史可能是另外一个样子。可惜，历史没有假设。也可能项羽和刘邦式的人物是不可能轻易被淘汰出局的。

章邯见项梁已死，认为楚地不足忧，就挥兵北上，渡过黄河去攻击赵国，并且大破之。那时的赵国，赵王叫赵歇，丞相是张耳，将军是陈馀（张耳与陈馀是铁哥们）。赵王与张耳退守巨鹿（今河北平乡西南），被秦军团团围住。陈馀率数万精兵驻扎在巨鹿以北。可能因为害怕秦军，也可能出于保存实力的目的，陈馀并未为解围赵国而进行有效的攻击。赵国朝不保夕，无奈之下，赵王四处求爷爷告奶奶，而楚国是赵王最寄予厚望的，他望眼欲穿。

一个偶然事件往往能改变人的一生。项梁的死引发了楚国极大的恐慌，楚怀王把行政中心迁到了彭城（后来项羽以此为大本营）。

项梁的死也使权力场重新洗牌。

大家还记得从齐国来的被宋义告以忠言而躲过一劫的那个叫高陵君

显的人吧？他见到楚怀王后，有心无心地向楚怀王进言："宋义认为项梁之军必败，没几天这话就应验了。军队未战而先见其失败征兆，此可谓知兵矣。"楚怀王召来宋义一谈，十分高兴。于是，楚怀王封宋义为上将军，封项羽为鲁公，次将，二把手，封范增为末将，令三人率军驰援赵国。

宋义号"卿子冠军"（"卿子"是对男子的尊称，"冠军"是"诸军之冠"之意），名称可谓气派十足。宋义只因为一番话便被楚怀王授以重任，可谓幸运。

然而，宋义未必真的那么"幸运"。楚怀王可能不甘心当傀儡，想真正掌权，而要真正掌权，就必须把项氏的势力排斥出局。

第八章　志毅坚破釜沉舟　章邯降大势已去

楚军驰援赵国，行进到安阳（今山东曹县），停留下来，过了四十六日，还不进兵。

项羽在军事会议上发表意见，认为应该及早进兵，与赵军里应外合，而今停滞不前，恐怕要失去大好时机。宋义不同意项羽的观点。他认为应该先坐山观虎斗，等秦军与赵军鹬蚌相争之日，打得难解难分之时，自己好“承其弊”。面对项羽这种有暴力倾向的人，宋义还说了些不知死活的话，说什么“被坚执锐，义（宋义）不如公（项羽）；坐而运策，公不如义”。他的意思是，项羽只能冲锋陷阵，而把握战争大局则非己莫属。项羽本来就因为叔父项梁死后军权没有交给自己而心怀不满，现在还屈尊在只知高谈阔论的书生宋义手下，不满就更多了。宋义离死不远了。

宋义下了一道军令，意思是按兵不动，违抗军令者杀无赦。

前面提到，项梁曾经号召齐国一同进攻秦军，而齐王不听。齐、楚本有嫌隙，宋义却派儿子宋襄到齐国去任齐相，欲结援于齐。宋义亲自为儿子送行，“饮酒高会”。与此形成鲜明对比的是“天寒大雨，士卒冻饥”，真是“战士军前半死生，美人帐下尤歌舞”。

人类的痛苦、不平大多是在比较当中产生的，没有比较就没有伤害，而且不体恤士卒的将领很少有成就大功的，不走群众路线的领导者终将垮台。

项羽心中恼怒，就对士卒发表公开演讲。他讲得在理：“本来说好了合力攻秦，现在可倒好，宋义要我们按兵不动。士卒缺衣少食、痛苦不堪，而宋义却花天酒地。他不说自己存有私见或胆小怕事，却说什么‘承其弊’。赵国刚刚建立，根基不稳，很难抵挡住秦朝的虎狼之师，危在旦夕，而赵国被攻破，只会使秦朝实力大增，有何‘弊’可承？且我军新败，士气正弱，楚王坐立不安，理应全军出动。国家安危，在此一举。宋义不体恤士卒而只知私利，非社稷之臣。”项羽列举的这几条罪状倒也合情合理。

项羽造完舆论后，就在早晨例会时，于帐中实行“斩首行动”。他提着宋义的头号令三军，说宋义与齐国密谋，妄图颠覆楚国，他奉楚怀王之命以“危害国家安全罪”将宋义斩首，还问大家可有异议。谁也不敢有异议。众人都说，楚国的建立本来就是将军一家的功劳，如今诛杀宋义，实是为民除害，我们感激还来不及呢。于是众人推荐项羽代理上将军，还使人追杀了宋义之子，以免留下后患，并且把军中情况上报给楚怀王。

楚怀王本来就是傀儡，况且木已成舟，说什么都没用了，他就正式委任项羽为上将军。项羽完成了“军事政变”的既定目标。

项羽杀卿子冠军宋义的行为威震楚国，名闻诸侯。他从此由配角转为主角，登上了历史舞台。将要发生的巨鹿之战是项羽人生的重大转折点，也是中国军事史上的光辉篇章，更是义无反顾、志在必取精神的写照。项羽还因此贡献了成语“破釜沉舟”。

关于“巨鹿之战”，《史记·项羽本纪》写得气势恢宏：“项羽乃悉引兵渡河，皆沉船，破釜甑（甑，zèng。破釜甑，指打破坛坛罐罐），烧庐舍，持三日粮，以示士卒必死，无一还心。”项羽豁出去了，与秦军遇，九战，大破之，楚军士卒无不一以当十，呼声动天，诸侯大军人人惴恐。

那时，赵国并非没有援军，但援军都被章邯吓破了胆，加上都有保存实力的私心，所以都隔岸观火，作壁上观。

项羽破了秦军，召见诸侯援军的将领。他们被项羽的威风所慑，惊为天人，进入辕门，无不膝行而前，不敢仰视。项羽于是自然而然地成为各路诸侯大军的统帅。

巨鹿之战是项羽人生中最大的一次冒险。他的勇敢与坚定是值得肯定的。他拿生命做了一次豪赌，而且赢了，获得了丰厚的回报。但这仅仅是开始。

章邯成了斗败的公鸡，虽然仍与项羽对峙，但已胆战心惊。他没遇到过这种狠角色。更令他气馁的是，“后台老板”秦二世还派人兴师问罪。章邯大恐，派长史（“长史”相当于现在的“办公室主任”“秘书长”一类职务）欣去咸阳申诉谢罪。

长史欣到咸阳却吃了闭门羹。长史欣嗅出了空气中的异样味道，当机立断，决定溜之大吉。他机警过人，溜走时另辟蹊（xī）径，不走故道。赵高果然派人追杀他，但没有追上。

长史欣回到军中，向章邯汇报情况，说：“赵高用事于中，下无可为者。今战能胜，高必疾（嫉）妒吾功；战不能胜，不免于死。愿将军孰计之。”长史欣的意思是：现在赵高专权，开始时他对二世隐瞒军情不报，后来纸里包不住火了，就避重就轻，偏偏二世那个糊涂鬼偏听偏信。有赵高这种阴险小人当道，下情不能上达，我们的工作怎么做？而且阴险小人的行事逻辑是：如果我们胜了，赵高必嫉妒不已，也可能兵不血刃，就轻易夺走了我们的胜利果实；如果我们败了，他会落井下石，把自己推脱得干干净净，我们就成了替罪羊，所以将军您还是好好考虑一下吧。

章邯心乱如麻。他正闹心呢，赵国那个将军陈馀又捎来劝降信，大意是：白起（被秦昭王赐死）和蒙恬（辅佐秦始皇大儿子扶苏，秦二世上台后逼死了他）两员大将攻城略地，不可胜计，功劳太大，不能尽封，因而被以法诛之。而将军为秦军统帅三年，却盗贼蜂起，屡战屡败，你想二世会怎么想？更为重要的是，赵高一贯溜须拍马、报喜不报忧，二世听太平话听惯了，如今事态紧急，他也怕二世治罪呀。他唯有诛杀将军以塞责，再用别人替代将军以脱祸。什么意思呢？他现在只能把过错推到你身上，说你无德无识。他杀你是为了转移二世的视线，然后再找人顶替你的位置。如今局势危如累卵，而且将军一向在外带兵，在朝廷中有许多敌人，他们每天都在琢磨着怎么陷害你，值此败亡之际，正是谗言风行的最好时机。如今你是有功被诛，无功亦被诛，你基本上死定了。再说天下大势，如今秦朝的倒台，显而易见，无论愚智皆知。今将军内不能直谏（没有机会向秦二世当面解释清楚），外为亡将，又吃了败仗，你完全成了孤家寡人。孤立无援怎能持久？岂不哀哉！你不如临阵倒戈，事成则可以南面称孤，这与妻儿遭殃、身败名裂相比，哪个好呢？

这封信产生了积极的效果，说出了章邯最大的顾虑，可谓直达他的心灵深处。可见，要想以言辞动人、做好思想工作，就要动之以情、晓之以理，站在对方的立场设身处地为他考虑。如果你居高临下地教训人，以为自己是救世主，那什么事都会被搞砸。

陈馀的信起了作用，章邯开始主动接触项羽，但第一次谈判没有谈拢，章邯还被项羽揍了一顿。章邯想，好汉不吃眼前亏，再这么狐疑、拖拉下去，真上天无路、入地无门了，就再次向项羽递出橄榄枝。项羽这里正好遇到困难了。怎么了呢？粮没了。项羽和下属一商量，大家一致同意“收购章邯的股权”。于是，项羽和章邯二人找到“公证人”，签订了“并购合同”。大家知道，项羽的叔父项梁是被章邯杀害的，但这时项羽倒显出了大度，没有追究这件事。

项羽封章邯为雍王，放置在楚军中，而任命长史欣为上将军，带领秦军降卒为先锋向咸阳进发。

项羽对章邯和长史欣的安排大相径庭。他封章邯为雍王，名义上是尊崇，但实际上章邯有职无权，形同被监禁。而长史欣因为与项羽有旧，则被封为上将军，可以带领秦军降卒做先锋部队。

第九章　失人心新安杀降　刘邦军偷袭得手

在大军行进途中，项羽又杀人了，而且一杀就是二十万。八面威风的项大将军费尽九牛二虎之力争得的胜利果实，就这样早早地毁于一念之差。

失败的种子已发芽了。

秦时的兵役、徭役是最为繁重的，楚军中很多人起义前都在秦军的监视下当过“建筑工人”，而秦军对他们大多不太礼貌。如今章邯带领秦军投归项羽，情况发生了逆转，秦军成了降卒。人性就是这样，失势时自己深恶痛绝的侮辱，在得势后往往又强加于人。这也是人性的悲哀之一。这些降卒就成了被取笑、被折辱的对象。

流言蜚语最容易在心理反差较大、思想激烈动荡时盛行。

秦军降卒私下里嘀咕：我们被章邯骗了，现在处于如此屈辱的田地，如果破了秦，那还好说，一好百好；但若败散了，秦人必尽诛我等父母妻子。当初思虑不周，被花言巧语所惑，如今忏悔无门呀。楚将听到秦降卒说这些话后，就向项羽汇报。

项羽就找人商量该怎么办。找人商量是对的，但他不应该找头脑比他还简单的人商量，也不应该找和他具有相同思维模式的人商量。

项羽、英布、蒲将军一个比一个头脑简单，一个比一个残忍好杀。他们讨论的内容是：秦降卒人数众多，其心不服，如果他们到了关中不服从命令，乱起来了，情势必然危急，不好控制。与其那样，不如把他们都杀了算了，只留章邯、长史欣、都尉翳（yì）三个“空军司令”。三人举手表决，一致通过决议——杀了吧，杀了干净，杀了就不传播小道消息了。

可怜二十余万降卒，被全部坑杀于新安（今河南渑池东）。

中国文化讲究“得饶人处且饶人”。项羽这种粗暴的一刀切的做法暂时解决了麻烦，但留下了巨大的“政治后遗症”——失去人心。

在项羽渡过黄河进行巨鹿之战前，楚怀王集团是兵分两路的，一路由项羽带领，另一路由刘邦带领。项羽这一路对抗的是秦军主力，而刘邦那一路则要轻松得多，因为刘邦貌似忠厚，得到了楚怀王的照顾。或者那只是一个诱敌之计，刘邦军团可能成为牺牲品。然而谁也没有料到，刘邦的战斗力如此之强、运气如此之好，秦军的抵抗意志如此之弱，刘邦竟然一路向西，打进咸阳了。

那时，秦二世已被赵高杀死，子婴为秦王。子婴用计杀死了赵高。在刘邦大军到来时，子婴开城投降了。

秦朝正式灭亡了。

刘邦大军开入咸阳，约法三章，收尽关中人心。

刘邦和项羽出发时，楚怀王同他们约定了谁先入咸阳，谁就称王。但刘邦有自知之明，他没有急于称王，而是退出咸阳，驻军霸上。

刘邦有野心，于是暗中动作，在函谷关（今河南灵宝东北。它是从东方入秦的要道）布置重兵，颇有点咸阳是我一亩三分地的味道。

项羽巨鹿之战大获全胜，又收编了其他诸路兵马，实力大增。项羽也向咸阳进发。这样，刘邦集团与项羽集团就被摆到了权力纷争的棋盘上了。

◎楚汉战争前项梁项羽大事记

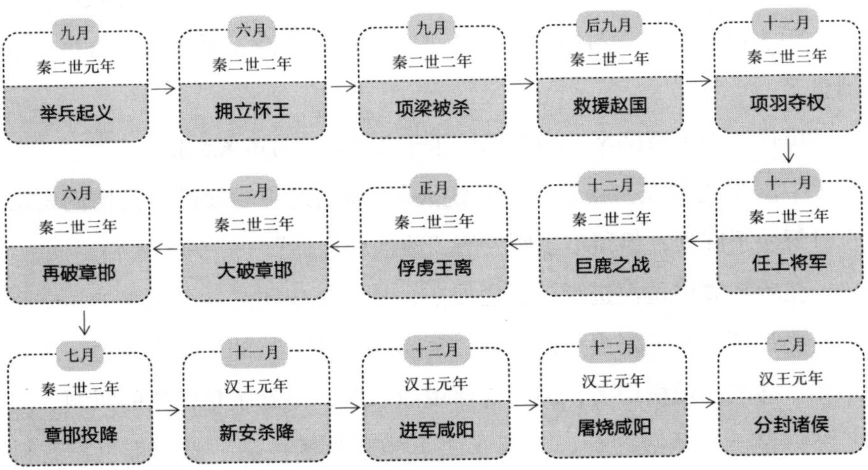

第十章　入咸阳沛公志大　察人性范增知机

楚汉战争正式拉开序幕，接下来要上演的就是中国历史上最有名的那出戏——“鸿门宴”。

项羽领兵到函谷关时，驻守的刘邦集团士卒不让他通过。项羽很不高兴，又听说刘邦已破咸阳，大怒（这位老哥总爱大怒）。项羽现在早已鸟枪换炮了，火力很猛。他没费劲就攻破函谷关，长驱直入，驻军在戏。

项羽在戏，刘邦在霸上，二人未见面，但项羽憋了一肚子火。火上浇油的是，刘邦的左司马（主管军中法纪政务的官吏）曹无伤打小报告，说刘邦想在关中称王，使子婴为丞相，珍宝尽占为己有。项羽大怒（此公又怒），吩咐下去，明日会餐，为我击溃刘邦。

当时，项、刘军队的比例是四十万比十万，实力悬殊。范增劝项羽道：“沛公（刘邦）居山东（崤山以东）时，贪于财货，好美姬。今入关，财物无所取，妇女无所幸，此其志不在小。吾令人望其气（古人迷信，认为观测云气可以得知人事祸福。最玄的是后来对诸葛亮的神化，说他观星宿能知未来，还能为自己禳星祈寿等），皆为龙虎，成五采（彩），此天子气也。急击勿失。”

范增主张速战速决，尽早除掉祸患。他的判断是对的。刘邦本来贪财好色，现在突然改变了，这说明他心思不在这方面了，有更大的目标，必须克制自己。

江山易改，本性难移。一个拖沓懒惰的人突然变得整洁勤快了，他可能有意中人了；一个对你爱答不理的人突然对你关心备至了，他可能有求于你了；一个好给人戴高帽的人突然语言平实了，可能这个马屁拍于无形之中；一个脾气暴躁的人突然变得和颜悦色了，可能这是大棒前的胡萝卜。

读书是为了获得大智慧。大智慧是一种站得高望得远的深邃，大智慧是一种切中肯綮（qìng）的精准，大智慧是一种快刀斩乱麻的果决。

在观察刘邦上，范增有深度。

第十一章　鸿门宴项庄舞剑　杀机显意在沛公

“鸿门宴”被一个吃里爬外、公私不分的人搅局了，这个人是项伯。项伯是项羽的叔叔，与张良（刘邦的谋士，“初汉三杰”之一）十分要好，而张良当时跟从的是沛公刘邦。

项伯连夜骑马到了刘邦军中，私见张良，具告以事（把军中大事全都告诉了他），让张良和他一起走，别白白送命。张良说：“沛公是我的上司，如今事情紧急，我若不管不顾，不合道义。”

张良进军帐把项羽要攻击刘邦的事告诉了刘邦，刘邦吓坏了，急忙问张良该怎么办。张良问他能不能和项羽硬拼，刘邦赶忙否认。张良说，那就赶紧把项伯请进来，善言相求，让他代为转达您对项羽的忠心。刘邦问张良，你和项伯有老交情吗？张良说，以前我们俩经常在一起，他杀了人，我舍命将他救了出来。今天事情紧急，幸亏他及时相告。刘邦问他俩谁大，张良说项伯大。刘邦说，那你赶快请他进来，你大哥就是我大哥。

◎项伯先生的人生小档案

基本情况	1 姓名	2 籍贯	3 职务	4 爵位	5 生卒
	姓项（赐姓刘）名缠，字伯	下相（今江苏宿迁）	左尹（项氏封）	射阳侯（刘邦封）	？—前192

“鸿门宴”前	一助刘邦 通风报信	把与张良之间的小义凌驾于项羽集团的大义之上
“鸿门宴”中	二助刘邦 拔剑翼护	虽然杀了刘邦也解决不了根本问题，但他确实吃里爬外
分封诸侯后	三助刘邦 谋求汉中	张良和刘邦用黄金和珠宝塞满了他的荷包，他就为刘邦谋求汉中郡，为虎添翼，损公肥私
刘项对峙时	四助刘邦 阻杀太公	为天下者不顾家是对的，他的话没错，可他确实是在不遗余力地帮刘邦
简单结论	刘邦之贵人 项羽之小人	虽然趋利避害是人之本能，但是任何组织都要大力防备“项伯式”的人

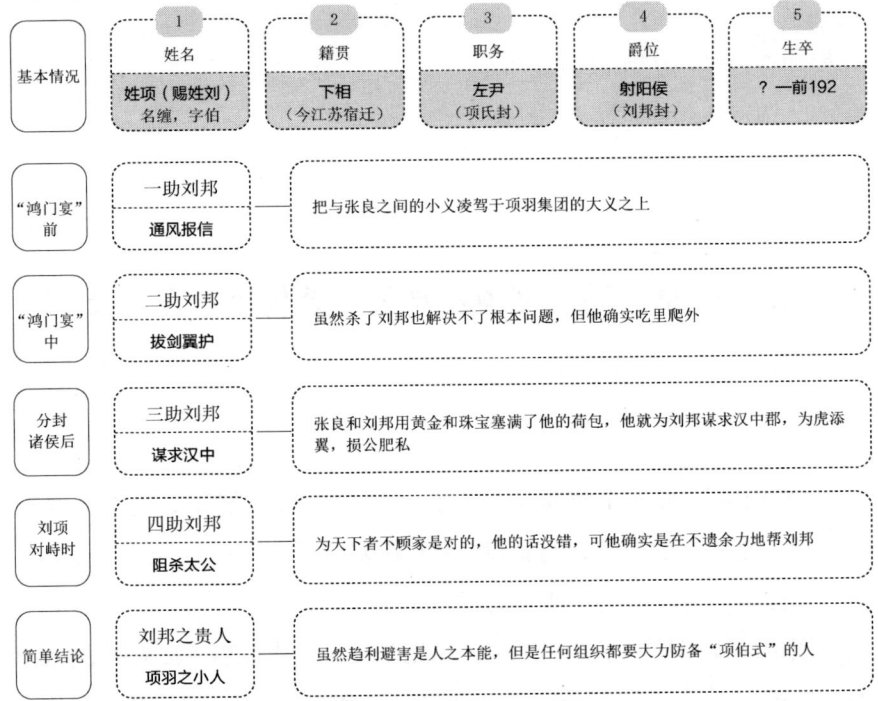

张良把项伯请进帐中。刘邦对项伯殷勤备至，先举杯敬酒祝项伯长寿，又与项伯约做儿女亲家。刘邦先把人情牌打好了，再切入正题。这是中国人说话的一种策略——先拉关系套近乎，再谈正题。

刘邦向项伯诉苦道：“我进关后，什么都不敢动（秋毫不敢有所近），登记所有人口，封闭府库，以等待项将军。我遣人驻守函谷关的原因是怕其他诸侯趁火打劫，没想到我一番好心却引起这么大的误会，麻烦老哥代为转达我的忠心。我对灯发誓，我绝对不会背叛项王。”项伯许诺刘邦，帮他这个忙，不过也提醒他，第二天早点儿到项羽那里去道歉。

刘邦忙不迭地答应了。

项伯连夜回去，向项羽和盘托出刘邦的话，应该还添枝加叶地大力渲染了一番刘邦的“忠心”，说什么刘邦不攻破咸阳，你能这么快进来吗？如今刘邦有大功而击之，不义也，不如趁机好好嘉奖一番，以抚慰其心。项羽竟然同意了。

项羽应该知道自己当时抵挡的是秦军主力，并且摧毁了它。那时秦王朝分崩离析，项羽挺进咸阳，有没有刘邦攻破咸阳，都是早晚的事。这一层，项羽想不到。项伯说刘邦立大功就立了，说刘邦不反就不反了，项羽可真听话！另外，他也没想一想，项伯怎能听到刘邦的话？既然听到了，那项伯肯定去了刘邦军中，他去刘邦那儿干什么去了？而刘邦这番话肯定是因为听说要攻击他才说的，那刘邦是怎么知道的？项伯大半夜向敌方透露我方的军事机密，他究竟想干什么？可我们项大老板不考虑这些。一想到刘邦那摇尾乞怜的狼狈相，项羽就已经很满足了。项羽有项伯这样的叔叔真是悲哀！

项伯这次行动收获个盆盈钵满。项羽死后，项伯被刘邦封为射阳侯，连姓都被赐为刘姓。张良救过项伯，但这是私，军事行动却是公，公私应该分明。况且，项羽是项伯的侄儿，于公于私，他都不应该通风报信。作为糊涂项羽的叔叔，项伯可能只有这种水准吧！

刘邦第二天起早带了百余名警卫到鸿门去见项羽。刘邦说：“我与将军是一家人，合力攻秦，将军战黄河以北，我战黄河以南，不经意间，我先入关破秦。我在关中朝思暮盼，可算等来了将军。不知哪个小人离间我与将军的关系，我真恨不得生啖（dàn）其肉。我登记户口，封好府库，守好关隘，就是怕别人捷足先登。我做好善后工作，赶忙退出咸阳，丝毫不敢动，以避嫌疑，谁知还是有小人无中生有，告了恶状。

我受点委屈不要紧，但他不能含血喷人，曲解我对将军的拳拳忠心呀！”刘邦善于辞令，巧妙地掩盖了自己的真实意图。他今天能卑躬屈膝故作委曲状，确实对了。刘邦平时好说大话，很少这么谦恭，足见他当时处境险恶。当然，将飞者翼伏，将奋者足跼，将噬者爪缩，对于刘邦这种政治老手而言，这种“谦恭”算不得什么。

项将军果然感念刘邦的“忠心”。他口无遮拦，说：“都是你的部下曹无伤说的，要不然，我怎么会有此想法呢？”这个曹无伤吃里爬外，肯定不算什么正人君子。但即使他是小人，也算对你项羽有益呀，怎么能当场就把人卖了呢？曹无伤有眼无珠，看错了人。

项羽与刘邦两个人“相逢一笑泯恩仇”。项羽留刘邦吃点便饭再走，刘邦哪有心情在这里吃饭呀，显然，项羽还在犹豫，自己还未脱离险境。但是，现在双方关系总算有所缓和，这么大的面子，他不能不兜着。于是，项羽、项伯、范增、刘邦、张良四面坐定。

◎“鸿门宴”中的座次和方位

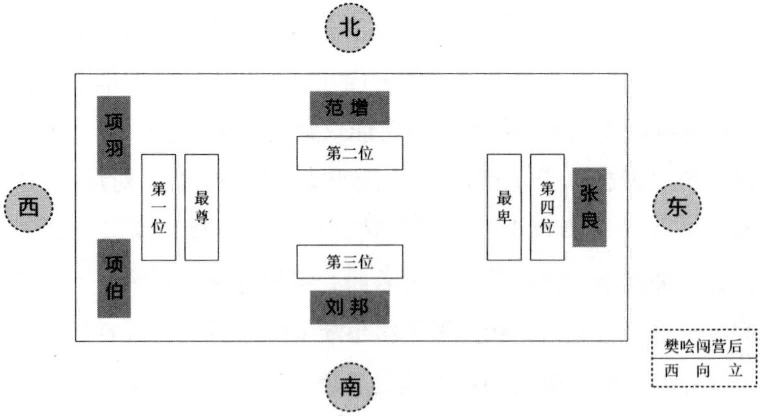

大家各怀心事，强颜欢笑。特别是刘邦，他如坐针毡，但也没什么办法，只能忍着。范增喝了一会儿酒就不着调儿了。他向项羽举起手中玉佩，且一个劲地“眉目传情”，想让项羽发号令斩了刘邦。但项羽犹豫不决，默然不应。范增这么举了三次，“眉目传情”了三次，但项羽一直没有行动。

范增一看自己的“美男计”对项羽没用，就退出军帐，找到了项羽的一个堂兄弟叫项庄的，说：“君王为人不忍，你去敬酒，敬完酒就说军中无以为乐，你给他们舞剑助兴，然后趁机杀掉沛公。否则，你们这些人早晚会死在沛公手里。”

项庄进去后，照着范增的吩咐做，一边舞剑，一边寻找下手的机会，即“项庄舞剑，意在沛公”（典故来源）。而我们亲爱的项伯先生却怕伤了刘邦这个敌人，也拔剑起舞，“翼护沛公”。项庄毫无下手机会。

第十二章　欲救驾樊哙闯营　想逃跑刘邦尿遁

张良一看情况危急，赶忙跑到辕门找来樊哙。樊哙是骖乘，即车右，是“首长”的贴身“警卫”，也是刘邦的连襟。他听说项庄舞剑意图刺杀刘邦后，准备挺身而出与刘邦同生死，于是带剑拥盾进入军门。门口的卫士试图阻拦樊哙，被樊哙用盾击倒。

樊哙掀开帷幕，挺身而立，目视项羽，头发上指，目眦（zì，指眼角）尽裂。项羽被他的声势所慑，按剑并挺直了腰板，摆出一副随时准备行动的警戒姿态。

项羽知道樊哙的身份后，称樊哙为壮士，赐酒给他喝。樊哙拜谢，起身，立而饮之。项羽又赏给他一个生猪腿。樊哙把猪腿放在盾上，拔剑切肉（有人怀疑吃生猪腿有点不合理，认为“生”字是以讹传讹。生猪腿怎么能吃呢？这应该是司马迁为了突出樊哙的勇猛而做的渲染），旁若无人。项羽问他还能不能喝酒，樊哙趁机进言，说：“我死都不怕，还怕什么喝酒这种小事。秦王有虎狼之心，杀人如麻，大力推行恐怖主义，却还总是感觉自己失之宽容似的，因此天下皆叛之。大王也许还记得，我们发兵之前楚怀王和众将约定，谁先入咸阳，谁就称王。沛公刘邦先破秦入咸阳，但毫毛不敢有所近，封闭宫室，驻军霸上，以待大王。为什么派兵守函谷关？就是怕别人生觊觎之心，抢夺了我们的胜利果实。沛公劳苦功高如此，未听说有封侯之赏，大王反而听信无耻谗言，欲诛有功之人，这是走秦朝灭亡的老路呀！窃为大王不取。这样太不值了。”项羽没有吱声。毫无疑问，这席有理有据、声势夺人的话起了作用。

项羽这个人最信身边人的话，而且总以英雄自居。好汉爱好汉，樊哙的大智大勇让他折服。有了项伯的先入为主、刘邦的伏低做小、樊哙的大义凛然，这场暴风雨消失于无形。

项羽让樊哙坐下，一起吃喝。

刘邦起身如厕时，把樊哙叫了出去。

◎其他几种关于方位和尊卑问题（可能有争议）

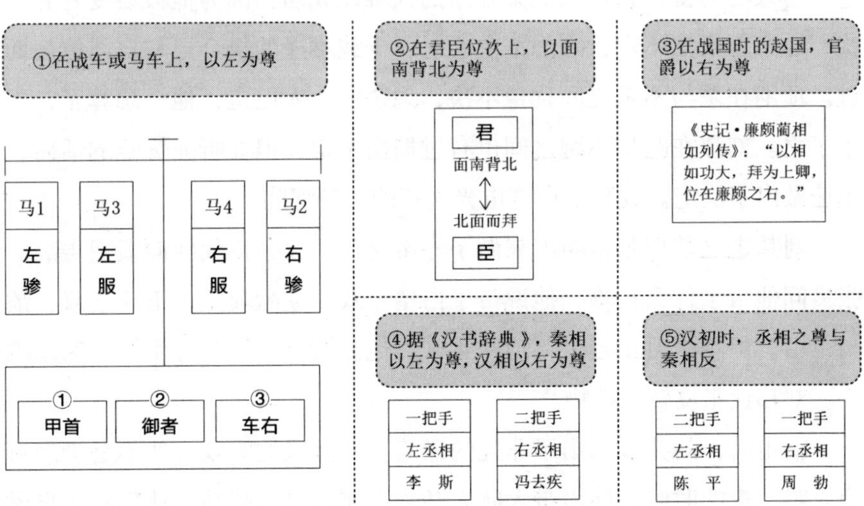

刘邦已出，项羽让都尉陈平（陈平这时在项羽军中任职，但还没有被重用）去找他。刘邦这次找借口出来就想脚底抹油开溜了。但他还有一点顾虑，怕没有当面告辞受项羽责备，并因此被项羽找到借口治他的罪。可他又真怕项羽翻脸无情，拿自己开刀。刘邦进退两难。樊哙不以为然，认为大行不顾细谨，大礼不辞小让（做大事不必太顾及细节，行大礼不避小的责备）。如今“人方为刀俎，我为鱼肉，何辞为？”确实，情势如此危急，还和项羽告什么辞呀？刘邦觉得樊哙的话有道理，于是决定逃走。

刘邦这么做是对的。人心极善变，特别是想因人成事，一定要趁热打铁。“好事多磨”这句话说的是办事不易，“流水淘沙不暂停，前波未灭后波生（刘禹锡《浪淘沙》）。”办事经常一波未平一波又起，按下葫芦起来瓢。事情变化了，是因为人心变了，所以办事才一波三折。不但别人，自己的心也会变化多端。为什么要下决心？为什么要一鼓作气？就是因为人心易变。为什么优柔寡断的人难以成功？因为他极易受外界干扰，心思总摇摆不定，等想下决心时，千载难逢的机会已与自己擦肩而过。项羽在杀与不杀之间犹豫不决，想杀时，人已走，他一想算了，不了了之。刘邦在跑与不跑之间也有过摇摆不定，但他听完樊哙的话后，迅速做出了决定。成败就在这电光火石的一刹那间。

刘邦走之前把张良叫出来做了一番交代，让张良代他向项羽告辞。张良问他带了什么礼物，他说带了白璧一双，欲献项王；玉斗一双，欲与范增。但刚来时正赶上项羽在生气，他没敢献，怕节外生枝，触了霉头。刘邦让张良转交礼物。

临走时，刘邦显示出了非凡的谋略。早上来的时候，他不是带来百余人吗？走的时候，他没带大队人马走，而是自己骑马，让樊哙、夏侯婴（刘邦亲信，御用“司机”）、靳强、纪信（在关键时刻挺身而出，做了刘邦的替身，杀身成仁了）四个心腹持剑拥盾步行护卫自己，抄小路回到霸上。这四个人，除了纪信早亡，其他三人都被封侯。刘邦若不偷着走，而带上大部队，人喊马嘶，肯定会惊动项羽。被惊动后，刘邦的心虚反而会激起项羽的杀心。

张良揣度刘邦已到军营，就进帐向项羽解释原委，意思是刘邦不胜酒力，喝吐了，怕大王责备他，于是就先走了。他给大王带来了一些小礼物，略表心意，希望大王笑纳。

项羽一看刘邦走了，犹豫不决的心终于定下来了。算了，得饶人处且饶人，量他刘邦也成不了什么气候，我怕谁呀？项羽就收了礼物。范增却气坏了，把玉斗放在酒桌上击个粉碎，长叹一声道：“竖子不足与谋，夺项王天下者必为刘邦，我们早晚有一天都会成为阶下囚。”

一场惊心动魄的斗争让刘邦用高明的手腕化解了。

刘邦回到军中，第一件事就是立即诛杀那个告密人曹无伤。这就是刘邦的果决。

第十三章　咸阳城火烧三月　回彭城衣锦还乡

有一个中国人耳熟能详的成语“过犹不及”，它源于《论语》。子贡问：“师（子张）与商（子夏）也孰贤？”子曰：“师也过，商也不及。”子贡问：“然则师愈与？”子曰：“过犹不及。”这是孔子在子贡面前评价他的另外两个学生子张与子夏的语言。子贡问子张与子夏二人谁优谁劣，孔子说，子张办事过分，子夏则浅尝辄止。子贡就问，那还是子张更胜一筹吧？孔子回答说：“过犹不及。”

事情做得过头了，就跟做得不够一样，都是不可取的。

项羽无疑把事情做过头了。

项羽在咸阳城威风八面，刚一来就吓得刘邦屏声息气。然后他随心所欲，对咸阳城中百姓展开了大屠杀。那个秦王子婴已经投降了，而且毫无威望可言，可项羽也杀了他。

我们学过杜牧的《阿房宫赋》，它文辞优美，内涵深刻。据杜牧描述，阿房宫也让项羽给烧了，大火三月不灭。

杜牧这么说确实冤枉了项羽。包括笔者在内的绝大多数人都受到这篇文章的影响，先入为主，坚定不移地把烧阿房宫这个脏盆子扣在了项羽头上。后来笔者看到一篇考古学家所作的考察报告，知道确实是我们搞错了。笔者又详细读了《史记·项羽本纪》，发现以司马迁之严谨，他确实写的是“烧秦宫室”，并没有写“烧阿房宫”。因为受了文学作品的影响，有了思维定式，笔者读过几遍竟然都没有发觉自己的失误。后来细思阿房宫建设前后的史实，发现秦始皇是在秦始皇三十五年时决定修建阿房宫的，而他在秦始皇三十七年就去世了，这么大的工程，仅两年时间肯定完不了工。他死后，秦二世为了抓紧时间安葬他，就把修建阿房宫的劳力都调到秦始皇陵去了。安葬完秦始皇后，虽然秦二世又开始修建阿房宫，但是他只在位约 38 个月就死了，阿房宫不可能建成。考古学家通过细致的考察，发现阿房宫的地基基本夯实了，动用了大概六百万立方米的土。以当时的施工条件来说，这么庞大的工程，已经是不可思议的了。

我们毕竟不是历史专家，对历史事实失察，情有可原。但是，这件事却给笔者上了重要的一课：固有观念使笔者对《史记》上“烧秦宫室”四字熟视无睹，因为这时笔者头脑中只有“烧阿房宫”四字。笔者得出结论：定式思维有时是能害死人的。我们还有多少事情是受这种思维模式左右与蒙蔽的呢?

说大火烧了三个月可能夸张了一点，但项羽纵容士卒烧杀掠夺是毫无疑问的。

项羽划拉够了，拿不走的都烧了砸了，准备带着珍宝美人回彭城享乐去。

有一个人劝说项羽不要走，就在关中称王，因为关中土地肥美、地势险要。大家知道，在冷兵器时代，有险可依相当关键。

那时，秦国据守函谷关曾让其他诸侯头痛欲裂，因为秦人进可以攻，打别人个措手不及；退可以守，一夫当关，万夫莫开。秦国能抵御几次六国联军的攻击，地势是起了重要作用的。那时，关中平原水利发达，土地得到了充分的滋养，真可谓“天府之国”。可以说，关中平原在军事战略和经济基础上都得天独厚，在关中称王，基本立于不败之地。项羽完全可以先立足，再徐图进取。

但是，在“关中称王”这么具有建设性的意见，对项羽而言却如对牛弹琴。原因有两个，一个是他自己造孽，把秦宫室给糟蹋得破烂不堪，没法住了；另一个是他思欲东归，要回家。第二个原因是主要的，他还有理论基础：“富贵不归故乡，如衣绣夜行（穿着好衣服在晚上外出），谁知之者。”

第十四章　楚霸王沐猴而冠　搞分封否定秦制

分析项羽的失败，原因有很多，但丧失地利无疑是关键的一条。

那个进言劝项羽在关中称王的人（《汉书》上说此人叫韩生）听说项羽不采纳他的意见，发了一句牢骚："人言楚人沐猴而冠耳，果然。"这句话的意思是，人家说楚人是猕猴戴帽子，装扮得像个人，其实虚有其表。这句话当真是诛心之言，一针见血，说出了项羽的一个显著特点。

这个人的这句话为后人留下了一个成语，但他自己的日子却没法过下去了，他被项羽扔到油锅里烹了。

看到项羽怎么对待反对者了吧？一杀了之，干净利索。其实这个人的建议没错，只是嘴不太好，说话损了点儿。那么好的建议不被采纳，他难免有牢骚，有一种失落感。他说话虽然损，但罪不至死呀。这就是项羽，不能忍，没度量。

项羽向楚怀王请示分封之事。楚怀王说"如约"，就是按照事先的约定来办，即谁先入咸阳，谁就称王。

要是按照这个约定，刘邦先入咸阳，就应该刘邦在咸阳称王。但是，项羽怎么能让刘邦遂了心愿呢？他发表意见说："刚开始起事时，我们姑且立被秦始皇灭掉的六国之后为王，如韩成（韩）、田假（齐）、赵歇（赵）、魏咎（魏）等，是为了尽快号召民众，凝聚起反抗力量，但他们都徒有虚名，最后披坚执锐、风餐露宿、灭秦定天下，靠的都是诸君和我项籍之力。我们应该尊楚王为'义帝'，他虽然没有功劳，但还是应该分他一块蛋糕。"项羽的意见谁敢反对呀，众人全投赞成票，一片赞同声。

别人都好安排，最让项羽头痛的是如何安排刘邦。项羽肯定不想按照事先的约定办事。他和范增都担心刘邦趁机夺取天下。项羽倒是想一刀杀了刘邦图个利索，但现在形势不一样了，双方已经讲和，如果他现在翻脸不认人，那自己一而再、再而三地违背约定就说不过去了。项羽也怕诸侯因此而背叛自己。

项羽和范增二人商量之后决定，把巴蜀、汉中之地封给刘邦。

巴蜀当时是被贬之人的流放地，而且蜀道之难，难于上青天，交通不便。把刘邦放在巴蜀，项羽还能放心一些。于是，项羽强词夺理，说什么巴蜀亦属关中，从东方来看，巴蜀、汉中也位于函谷关以西，是秦国的故地。其实，真正的关中应指陕西的平原，说巴蜀、汉中也属关中纯粹是牵强附会。但当时，谁的拳头硬谁有理，拳头就是硬道理，所以众人又全投赞成票，又一片赞同声。

刘邦只能忍气吞声。他想辩解，项羽不会听；他想打项羽，那肯定打不过；负气出走？那不是刘邦能干的傻事。

暂时忍忍吧，等我拳头硬了再说。这就是刘邦，该忍的时候，他绝不吭声。

◎项羽分封十八路诸侯简况（这个名单很快就发生了巨大变化）

序号	姓名	王号	都城古名	都城位置	大致区域	封赏原因	结局
1	刘邦	汉王	南郑	陕西汉中	四川大部，陕西秦岭以南及湖北西北部	先入咸阳	成为汉高祖
2	章邯	雍王	废丘	陕西兴平东南	陕西旬邑、咸阳、西安鄠邑区以西、秦岭以北，甘肃东部及宁夏南部	秦朝投降的名将	败于汉军，自杀
3	司马欣	塞王	栎阳	陕西西安临潼区东北	河南灵宝以西、陕西丹江上游及西安以东渭河下游地区	有德于项梁	汜水之战，兵败自杀
4	董翳	翟王	高奴	陕西延安	陕西黄陵、宜川以北，内蒙古伊金霍洛旗、乌审旗以东，鄂尔多斯东胜区，准格尔旗以南一带	劝章邯投降	投降刘邦
5	魏豹	西魏王	平阳	山西临汾西南	山西西南部，黄河以东	带兵与项羽入关	被汉将周苛杀害
6	申阳	河南王	洛阳	河南洛阳	河南西北大部	攻下河南郡，迎接项羽	投降刘邦
7	韩王成	韩王	阳翟	河南禹州	河南中部、南部，湖北北部	战国时的韩国贵族	被项羽杀害
8	司马卬	殷王	朝歌	河南淇县东北	河南黄河以北、山西东南部和河北南部	平定河内	彭城大败，被楚军杀害
9	赵歇	代王（故赵王）	代	河北蔚县东北代王城	山西东北部和河北西北部	巨鹿之战时的赵王	被韩信俘虏

续表

序号	姓名	王号	都城古名	都城位置	大致区域	封赏原因	结局
10	张耳	常山王	襄国	河北邢台西南	河北中部，山西中部、东部一部分地区	原赵国丞相，从项羽入关	追随刘邦，得以善终
11	英布	九江王	六	安徽六安北	安徽、河南两省淮河以南，湖北黄冈以东和江西	项羽嫡系，勇冠三军	被衡山王吴芮之子吴臣杀害
12	吴芮	衡山王	邾	湖北黄冈西北	湖南全境，南至广东北部，北至湖北东部	随项羽作战并入关	汉时改封为长沙王，寿终正寝
13	共敖	临江王	江陵	湖北江陵	湖北洪湖以西和四川巫山以东	楚怀王柱国。带兵打南郡	病死
14	韩广	辽东王（故燕王）	无终	天津蓟州区	辽宁大部、河北东北部和内蒙古赤峰以南地区	陈胜起兵时自立为燕王	被臧荼杀害
15	臧荼	燕王	蓟县	北京西南（一说为房山区琉璃河镇），非天津蓟州区	始封疆域不详。吞并韩广后，辖区相当于北京、河北北部和辽宁等地	从楚救赵，随同入关	后为汉初异姓王的燕王，被刘邦杀害
16	田市	胶东王（故齐王）	即墨	山东平度	山东胶莱河以东地区	田荣拥立的齐王	被田荣杀害
17	田都	齐王	临淄	山东淄博	项羽瓜分齐地为三，称三齐，中为齐，东为胶东，西北为济北。临淄国约在山东中部	随项羽救赵并入关	受田荣攻击，奔楚，后为田荣所杀

续表

序号	姓名	王号	都城古名	都城位置	大致区域	封赏原因	结局
18	田安	济北王	博阳	山东泰安	济水以北地区	攻下济北数城，并投项羽	被田荣杀害

备注：

十八路诸侯辖区的当今位置，主要参考：

1.《刘邦》(项立岭、罗义俊著，人民出版社，1976 年 1 月第 1 版)。

2.《史记注译》(王利器主编，三秦出版社，1988 年 11 月第 1 版)。

3.《资治通鉴新注》(《资治通鉴新注》编纂委员会编，陕西人民出版社，1998 年 10 月第 1 版)。

4.《史记辞典》(仓修良主编，山东教育出版社，1991 年 6 月第 1 版)。

除了刘邦之外，项羽还分封了许多人。大家忙活了一场，也算各有所得吧。

在分封的时候，项羽心里有一把尺，谁和他亲近，谁和他有旧，谁帮过他忙，谁就分得好些。项羽是标准的“任人唯亲”。用人唯贤、战略布局、权力制衡这些事太费脑子了，项羽不想做也不会做，他只想快意恩仇。

项羽这次分封的人较多，并且地名繁杂，在此只是简要介绍一下，以后在其他篇章中遇到再讲。

只举一个例子，就能看出点问题。

本来应该分封给刘邦的、以咸阳为中心的关中之地，项羽分封给了秦朝的三个降将：章邯、长史欣和董翳。这三个人当中，长史欣的封地最好，其次是董翳，最后是章邯。当然，《史记》上并没有像笔者这样分，笔者是合理猜测的。为什么这么说？《史记》上说，司马欣被封在栎阳，地盘是咸阳以东至黄河，应该包括了相对富庶的关中平原。《史记》上说，长史欣曾有德于项梁，就是对项羽的叔父项梁有恩。《史记》上说，董翳被封在高奴，即现在的陕西延安附近。《史记》上说，董翳曾劝过章邯投降项梁，这算对项羽叔侄俩有义。《史记》上说，章邯被封在废丘，咸阳以西的地段。中东部是中原文明的发祥地，然后向南向西再向北扩展，按照这个推理，越向西应该越荒凉。章邯是杀害项羽叔父项梁的凶手，项羽并不一定真喜欢章邯，这么分封，项羽只不过为了显示自己的大度罢了。

以上为个人推测。也有学者认为，项羽的分封相对公平。当然，无论如何公平，都会有人认为不公，管理是很难的。

项羽定都彭城，号“西楚霸王”，有“春秋五霸”一样的盟主意味。项羽俨然以老大哥自居。这时是项羽事业的巅峰期。

可惜，项羽事业下降的速度与其上升的速度一样快。他分封的结果基本人人都不满，刚建立起的政治架构纯属“豆腐渣”工程。

第十五章　杀义帝失道寡助　分不公诸侯反项

项大人又杀人啦！

项羽有三样本领别人学不来，一为杀人，二为放火，三为大怒，这三者属于他的“招牌式”本领。

这回杀的这个人可有点麻烦。他是谁呢？义帝，就是以前那个楚怀王，就是那个叫心的放羊娃。

尊他为义帝时，项羽就有杀心了。民间有义父、义子、义女、义弟等称呼，但“义”并不同于“亲”，“义”与“亲”还是有一定差距的。这个“义帝”是“假帝”的意思，项羽根本就没承认他的帝位。

项羽分封完之后，大家各就各位，都到各自的封地去了。项羽对义帝说：“古之帝者地方千里，必居上游。”他赶义帝到长沙郡去，然后又让九江王英布（也有说是衡山王和临江王的）杀了他。

项羽的行为让大家非常愤怒——过去用得着义帝的时候捧着他，现在义帝没有什么用了就杀掉，难保项羽有一天不如此对我们。

项羽为什么要杀义帝呢？义帝没招他没惹他，项羽杀人的理由何在？表面上看义帝没招项羽没惹项羽，实际上义帝犯了项羽的忌讳。

笔者推测（不一定有理，仅是推测），项羽对义帝一直心怀不满，忍了他很久了。下面四个原因，可能成立。

一是项梁死后，有一段时间义帝收回了兵权。义帝在交权时，因宋义的一番话，就没有把兵权交给披荆斩棘的实战派项羽，而交给了徒好大言的理论派宋义。楚国的建立主要是项氏的功劳，项羽有一种被排斥出局的失落感。最后军权是项羽硬夺回来的，那时他可能就充满了嫉恨。

二是义帝对刘邦很关照。当时西进咸阳兵分两路。义帝嫌项羽残暴，就派比较忠厚的刘邦从黄河以南进发。刘邦这一路进攻基本没什么太大阻力。义帝希望刘邦先入咸阳，因为他相信刘邦能用怀柔政策，而刘邦也确实做到了。义帝派项羽出击黄河以北。项羽这一路却要迎击秦军主力，阻力太大，肯定要拖延时日。表面上刘邦和项羽各走各的路线，秋毫无犯，其实内有玄机，难怪项羽听说刘邦先入咸阳又把守函谷关时要大怒了。这也让项羽对义帝的偏心恨之入骨。这两点应该是项羽与义帝二人关系破裂的主要原因。

三是分封诸侯时，项羽表面上向义帝请示怎么办，但他心里会不会有“希望义帝全权委托我来处理”的意思？他不希望义帝插手，认为义帝没有功劳，根本就没有说话的资格。但这个义帝却十分聪慧，而且坚持原则，项羽当然嫌他多管闲事了。当项羽问他怎么办时，他说“如约”。项羽忌惮刘邦应该是公开的秘密，尽人皆知，但义帝还在护着刘邦。在项羽看来，这是摆明着和自己过不去。项羽就没想想自己在咸阳干了多少缺德事，义帝能看上眼吗？但项羽只想着别人的错，认为自己总是英明神武的。项羽一直忌惮刘邦，他担心有一天义帝会做刘邦的内应、给自己捣乱，毕竟义帝还是有号召力的。

四是义帝对他来说毫无用处了。项羽刚开始起兵时的政治策略是扶立楚王的后代拉大旗，但现在天下已经打下来了，就可以卸磨杀驴、过河拆桥了。

《史记》上没说项羽杀义帝的原因，上述四个只是笔者的推测，不知是否合理。但有一点是肯定的，项羽又办了一件愚蠢的事。那时义帝还是名义上的元首，项羽以下犯上是为当时的伦理道德所不容的。他的行为加速了自己集团的分崩离析。

后来，刘邦的战斗檄文中有一条，“愿从诸侯王击楚之杀义帝者”，它非常重要，可以算刘邦联合其他诸侯的“共同纲领”。项羽在道义上输给了刘邦。

项羽的分配不公引起了诸侯的不满，不是暗斗，而是明争。其中，齐、赵两地的反抗最为猛烈，矛头直指项羽。这两地反抗的情形有专门的章节介绍，大家记住这个地方，然后参照来看。

我们主要来说楚汉之争。那时，最让项羽头痛的是刘邦拜的那个大将韩信。韩信已经“明修栈道，暗度陈仓”，收服了章邯、长史欣和董翳统辖的“三秦”之地，而且还有东进的迹象。项羽无所适从了——到底先打谁好呢?

这时，刘邦的谋士张良给项羽写了封信，大意是说，刘邦只想要回本来属于他的关中之地，满足了愿望，他就不会向东扩张了，他也惧怕大王的神威，不敢有其他非分之想。

项羽就吃这口，只要别人说点软话骗骗他就行了。他就相信了刘邦。然后张良又把齐、梁的反书捎给项羽看。项羽听信了刘邦“老虎不吃肉，改吃草了”的神话，决定平定北方，攻打齐国。

齐国的田荣被项羽杀死了。项羽又坑杀降卒，杀害无辜百姓，所过之处，鸡犬不留。

他的残暴激起了当地人的反抗。田荣的弟弟田横领导数万齐军与项羽展开斗争，项羽被拖住了手脚。

趁着项羽征战齐、鲁之间，鞭长莫及之际，刘邦毫不犹豫地自食前言，率领其他诸侯兵马大约五十六万直奔项羽的老巢——彭城。没费多大周折，他们就拿下了彭城，收其货宝美人，天天喝大酒。刘邦的好酒好色的老毛病又犯了，真可谓“醇酒美人，乐不思蜀”。

常言道，乐极生悲。刘邦被眼前的安乐所迷惑，不知危险之将至。

项羽后院起火，心急如焚。他日夜兼程赶回彭城，打了刘邦一个措手不及。

据《史记》记载，刘邦这回可是被打得落花流水，战斗场面相当惨烈，汉军十余万人被杀，十余万人被淹，睢水为之不流。

刘邦身陷重围，左冲右突无济于事。就在刘邦束手待毙之际，据说当时如有神助，狂风大作，飞沙走石，折木发屋，天昏地暗，而沙石裹挟，仿佛千军万马般冲击楚军，楚军大乱，刘邦得以与数十骑逃走。当然，这种说法是当时流行的官方语言，就是为了神化刘邦受命于天、大难不死，姑妄听之。

刘邦狼狈逃窜，想拐道老家沛县，把老婆孩子带上一起逃回关中。谁知项羽早料到这招，已派兵去擒拿了他的家人。刘邦到家时发现已人去屋空。他也顾不了那么多了，只好继续跑。

真是踏破铁鞋无觅处，得来全不费工夫。在道边，他遇到了自己的儿子刘盈（后来的孝惠帝）和女儿（后来封为鲁元公主，张耳的儿媳妇）。他赶忙把他俩拉到自己的“奔驰”车上，玩命地跑。谁知此时，项羽追兵的喊杀声如影随形，吓得刘邦心惊胆战。他总感觉车速太慢，但他懂物理学，知道在牵引力相同的条件下，速度与质量成反比。于是，他就把一对儿女推下了车。滕公（原名夏侯婴，在“鸿门宴”上随刘邦逃走的刘邦的四个心腹之一），刘邦的司机，下车又把他们俩捡回来，如是者三次。他劝刘邦，虽然着急，但也不能把他们丢下。

最后真是老天保佑，刘邦总算脱离了重围，而他的父亲刘太公和老婆吕雉却没那么幸运，他们被项羽抓住了。

刘邦损兵折将、妻离子散是他本性难改、旧病复发、骄傲自大、思想麻痹造成的。

人常说“虎毒不食子”，刘邦为了政治利益什么都舍得。他推儿女下车是出于自私保命，但不是什么人都做得出来的。

第十六章　中反间范增气死　比萧何略逊一筹

刘邦经此大败，元气大伤。然而，他的大舅哥、吕雉的大哥吕泽还有一部分兵力，刘邦还不至于进退无门。刘邦占据了荥阳，败残的汉军又找到了旗帜。他的丞相萧何又收拾了一下家底，把老弱都派到了荥阳，一番整合，刘邦的军队军威复振。

项羽也驻兵荥阳，两军对峙，拉开了楚汉战争中荥阳大战的序幕。两军展开阵地战，刘邦败多胜少，然而军心较稳。项羽一时无法完全取胜，对刘邦也无可奈何。但刘邦的情形还是较为危急的，主要因彭城之败，其他诸侯随风转舵，又都投在项羽麾下，而且刘邦的粮道总被切断，刘邦大军总缺衣少食。

刘邦又玩起老把戏，请和。项羽根本没有判断力，又被刘邦的“真情”打动了，想答应，但范增不同意，说刘邦现在容易对付，打铁要趁热，不一鼓作气打垮他，必定后悔莫及。项羽这回倒是听从了范增的意见，围住荥阳，攻打甚急。刘邦闹心坏了。这时，陈平（在“鸿门宴”上还是项羽手下，彭城之败前投靠了刘邦）出了一个只有项羽才能上当的小儿科式反间计。当然，他此前一定做了周密的铺垫工作。

两军交战，不斩来使。任何军事斗争都不是简单的战场厮杀，都是打打谈谈，做些其他辅助工作。

项羽的使者有一回到汉营公干。中午，汉军款待使者吃套餐，开始时端着四菜一汤（为太牢具，“太牢”指牛、羊、猪皆备的饭食）进来，看见使者后，假意惊愕说：“我还以为是亚父范增派来的人，怎么是项王的使者。”他嘀嘀咕咕地把饭菜端走了，不一会儿端来一些小葱拌豆腐（开玩笑，那时候还没有发明豆腐）类的小菜对付使者。使者憋气带窝火，回去就向项羽报告了这次忍气吞声的出使情况。

这个计策破绽百出，可项羽就信了。物必先腐也，而后虫生之；人必先疑也，而后谗入之。从古到今都如此，疑心先起，然后谗言才能起作用。第三者挑拨离间二人的关系，确实有第三者的阴险毒辣，但是二人的关系如果坚不可摧，那么什么谗言都不会起作用。哲学上讲“外因必须通过内因起作用”，就是这个道理。

项羽果然怀疑范增与刘邦有勾结，就要削夺范增之权。范增是个倔老头儿，脾气火爆，他愤而辞职，说：“天下事大定了，君王好自为之吧，我这个衰弱之躯也不堪重用了，我回家种田去。”项羽完全同意。

范增确实想不通，项羽怎么能把自己的赤胆忠心当成驴肝肺了呢？项羽怎么能相信这种捕风捉影的事情呢？带着深深的哀伤，他含愤而去，未到老家就毒疮发作而死。

《史记》记载，范增有奇谋。范增给项家提的建议中确实有两个是可圈可点的，一是刚起兵时建议拥立楚怀王，以号召楚国的社会力量；二是荥阳大战时，建议项羽斩草除根，不让刘邦有喘息的机会。但笔者翻看《史记》，却惊奇地发现：项羽坑杀二十万降卒的时候，没见他立马陈词；项羽烧毁秦宫、杀降王子婴、屠戮平民的时候，没见他据理力争；项羽放弃定都关中、要衣锦还乡的时候，没见他直言敢谏；项羽分封诸侯、任人唯亲的时候，也没见他独抒己见。不知道他当时在哪里，而上面提到的都是关乎天下人心、经济命脉和用人路线的战略问题。这些是成就事业的中心问题，作为军师，不在这些地方下功夫，那忙什么呢？不抓住中心问题，那就是白忙一场。

评论古人，只是为了对现实问题有个指导和提醒，把书读活。读书应该读出人性，否则就如项羽所言，“书足以记名姓而已”。

把书读死了，是经典著作的悲哀。

第十七章　战荥阳再战成皋　宁斗智绝不斗力

荥阳大战，刘邦真要山穷水尽了。城池被团团围住，他想突围突不出去，外援又打不进来。

大家应该还记得“鸿门宴”时陪刘邦逃走的四员心腹大将樊哙、夏侯婴、靳强和纪信，樊哙助刘邦脱险，夏侯婴在刘邦彭城之败时坚决保护了后来的孝惠帝和鲁元公主。现在出场的这个关键人物是纪信。他对刘邦说，现在情况紧急，由我扮成大王的模样，诳骗项羽，大王趁乱从小路快逃吧。

于是，纪信就给项羽传话，说城中粮尽，汉王要投降。楚军听后发出一片万岁声。人在得意时，思想就容易麻痹，这是不治之症。刘邦趁乱金蝉脱壳而去。

据野史上说，纪信长得颇像刘邦，加上黑灯瞎火的，他又坐在刘邦的专车上，所以能够以假乱真。

但是，纸里包不住火。项羽只见到纪信，没有见到刘邦，就问刘邦在哪里。纪信说，刘邦已经逃走了。可怜，忠肝义胆的纪信被项羽烧死了。

刘邦从荥阳逃脱后，直奔成皋，留下了周苛（其弟叫周昌。周昌口吃，但是以“骨头硬”而闻名）和枞公守荥阳。楚军攻下荥阳，周苛被擒。项羽进行了一番劝降，说你若投降，我封你为上将军，封三万户。周苛毫不动摇，反而劝项羽要识时务，趁早投降。项羽又怒，烹了周苛，枞公也被杀了。

周苛、枞公他们这种大义凛然、宁死不屈的气概让人动容。这就是刘邦的将领，难怪他取得了天下。用人唯贤是刘邦最大的闪光点，也是他称帝建汉最重要的保障。

◎好牌与坏牌的不同走向

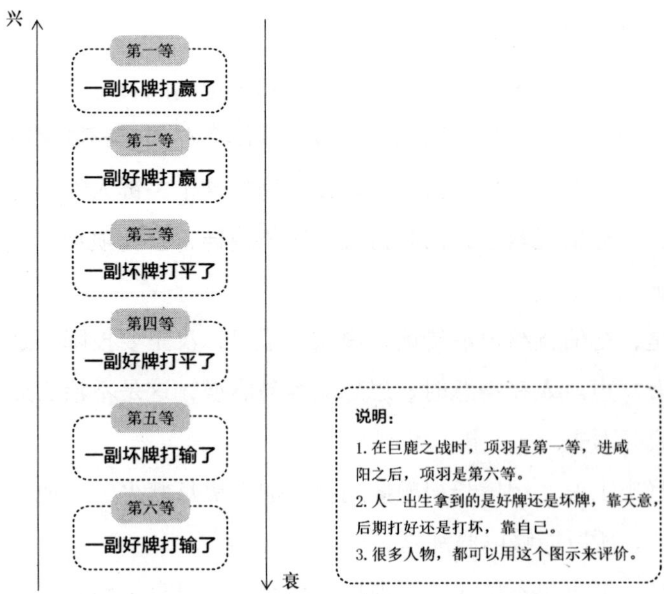

关于刘邦用人，在本册之《高祖本纪》中有详细的论述。可以说，探讨用人问题是本册之《高祖本纪》的灵魂所在。既有高瞻远瞩的“初汉三杰”，又有成批的敢于杀身成仁的将领，刘邦不成事才怪。

接下来的争战主要发生在成皋一带，史称成皋大战。成皋大战之后，就是闻名遐迩的垓下之围。

在成皋的拉锯战中，项羽疲于奔命，败象已显。大家知道，项羽只有范增那么一个谋士，还让他给气死了。其他诸侯都是墙上草，随风倒。现在项羽露出败象了，他们就都倒向刘邦一方。

那时候基本形成了三股力量对付项羽，即刘邦在成皋的阵地战、彭越在彭城的游击战、韩信在大后方的歼灭战。刘邦是项羽正面的敌人；彭越袭扰项羽的老家彭城，并断他粮道；韩信负责击垮听命于项羽的势力和不服从项羽也不服从刘邦、妄图自立为王的势力。

彭城无险可守，与关中不可同日而语。项羽的后方不稳固，兵源短缺，粮食的供应频频告急。

项羽以为自己是老大，说出的话就是圣旨。其实，他本身实力并不强，也没有自力更生的能力。开始时，他向其他人借兵、借粮，还可以借到。但人无千般好，花无百日红，时间长了，他再向其他人借兵、借粮，其他人就都敷衍推脱了。

根基不稳是项羽的一个致命的弱点，而且他本性不改，攻城略地后仍然残忍好杀。比如，打击彭越时，项羽仍然准备屠杀平民百姓。他打外黄（今河南民权西北）时久攻不下，外黄投降后，他又大怒，把十五岁以上的男子都拉到城东，想活埋了他们。这回可能是环境所迫，也可能是良心发现，项羽算是听了外黄县令门客中一个十三岁孩子的话，放过了他们。虽然这次项羽最终没动手，但人们还是认清了他的本质。

项羽对韩信倒是用了一点智谋，派人去劝说韩信另立山头。有人说，如果韩信听从了项羽的话，《三国演义》的年代要提前，不是在东汉末年，而是在西汉初年。可笔者不这么认为。韩信即使自立了，也绝非刘邦的对手，因为想成为领袖不是一方面行就行了。韩信确实是军事奇才，但他也是一个政治侏儒。政治是不流血的战争，战争是流血的政治，二者有共性，但还是有本质区别的。政治牵扯的方面更广泛、更系统，韩信在“流血的政治”上游刃有余不假，但后来的历史证明，他在“不流血的战争”上却捉襟见肘、狼狈不堪。

总而言之，韩信综合权衡各种因素之后，没有理睬项羽的怂恿（sǒng yǒng）。

项羽在对付刘邦时的表现更是不但天真可爱，而且幼稚可笑。《史记·项羽本纪》记载，项羽给刘邦捎话，说：“天下匈匈（战争不断，社会骚乱不安）数岁者，徒以吾两人耳，愿与汉王挑战决雌雄（成语“决一雌雄”之源），毋徒苦天下之民父子为也。”然而刘邦笑着回绝：“省省吧，大哥，吾宁斗智，不斗力。谁和你玩那种低级游戏呀。”

大家看看，项羽多么可爱！这不是你和刘邦的个人恩怨。如果仅是两个人的事，那么你们可以找个公证人单挑。但这是什么？这是两个集团的政治斗争。大家可能说项羽挺酷，刘邦没种，但项羽的酷只是一种匹夫之勇。

我们先来理解一下“匹夫之勇”。此词出自《孟子·梁惠王下》：“夫抚剑疾视曰，‘彼恶敢当（挡）我哉！’此匹夫之勇，敌一人者也。”这话的意思是，按着剑，瞪着眼睛，大声说，谁敢挡我，这是不用智谋只凭个人的勇气，敌一人者也。项羽说过“剑一人敌，不足学，学万人敌”，但他只知“一人敌”的畅快，不知“万人敌”的精髓。用老百姓的话来解释，“一人敌”的不中用是“你浑身是铁能碾几个铁钉”“独木难支”“孤掌难鸣”，而“万人敌”的中用是“众志成城”“人心齐，泰山移”“众人拾柴火焰高”。

项羽说这句话的可笑之处在于他根本没有看到刘邦团队的力量，一张口就单说自己，想与刘邦单挑。项羽本身也没有什么团队概念。而他不知道，刘邦不仅属于刘邦自己，他也成为一个符号、一个象征、一个团队的代言人。

一个团队要有整齐如一的步伐。如果各自为战，一盘散沙，那叫什么团队？

真正的团队应该如同一个人体，有大脑和心脏，即首脑与智囊团，这是指挥中心，能制定策略、计划、办法；有血管、神经，即信息通道，以保证信息的畅通、指令的传递；有眼睛、鼻子，即情报系统，可以观察和感受外部信息，以把握大局；有耳朵，多听不同意见，以正确决策；有嘴巴，一方面与人交流，另一方面进行宣传，这样才能发挥团队的作用，才能迸发无穷的力量。而项羽却以一人对付刘邦一个团队，他能成功吗？

项羽这种人，笔者有点理解不透。他嘴里说要与刘邦尽早分出胜负，以免天下百姓遭殃，好像以天下苍生为念，而实际上，他嗜杀如命，杀人不眨眼。

项羽成了孤家寡人，他的个人英雄主义注定了他失败的命运。

第十八章　情缠绵霸王别姬　感无颜乌江自刎

最后，刘邦、彭越、韩信等几股力量合起来把项羽围在垓下。

这段历史大家都比较熟悉，最有名的就是“霸王别姬”。项羽创作了那首诗：力拔山兮气盖世，时不利兮骓不逝。骓不逝兮可奈何，虞兮虞兮奈若何。

有人说，这首诗不一定是项羽所作，而是司马迁笔补造化，代为传神，写项羽慷慨激烈、千载不平之余愤，写项羽一腔怒愤、万种情思、托身无所、英雄失落之悲情。

不管谁写的，这首诗倒挺符合项羽的性格。他先夸自己神勇无敌，然后总结经验说自己失败只怨时机不好，自己根本没犯什么错，然后又放心不下自己的女人和骏马。

作完诗，他就开始突围，只带了八百人。一阵冲杀之后，他只剩百人左右，还迷了路。不打听路还好，一打听路，让一个老农给骗进了沼泽地。等再出来，他只剩二十八人，而汉军则有数千人。

项羽不想别的，只想速战速决，寻找个痛快。他说：“我奋战八年，打了七十多仗，所挡者破，所击者服，未尝败北，遂霸有天下。现困于此，此天之亡我，非战之罪。今日固决死，愿为诸君快战。”

他的话中，所挡者“破”差不多，但所击者“服”可不一定。“今日固决死”，说明他抱定死念了，说“此天之亡我，非战之罪”。看来他仍然执迷不悟。他果然又痛痛快快地杀了数十上百人，自己仅损失二骑，充分证实了自己的战斗能力。但实力悬殊，他只好逃跑，于是逃到了乌江。

乌江亭长让项羽过河，回去重整旗鼓，再接再厉，但项羽说，这是天亡我，我活着还有什么意思？我当时带了八千子弟一同闯天下，如今就剩我一个了，我无颜见江东父老。即使他们不说，不责怪我，我难道心里能好受吗？

不管怎样，项羽还知道，还有这八千人和他一起混。保护跟随的八千子弟是项羽的责任，可他没有尽好责，现在后悔也晚了。他拒绝过河，只让亭长好好照料他的马。他让其他人也下马步行，持短兵接战。项羽这时还是相当神勇的，他又杀了汉军数百人。项羽身上受了十多处伤，流血过多，体力不支了。他看到背叛了自己的故人吕马童，说：“我听说汉王为得到我的头，赏千金，封万户侯，我就成全你吧。”于是项羽自杀。

但是项羽未得全尸，他被五名汉将分成五块，他们各自拿着去请功了。这五人后来都被封侯了。

刘邦亲自到项羽坟上哀悼，泣之而去。刘邦胜得也辛苦。刘邦没有为难项氏的族人。

那个大叛徒项伯，得到了不少赏赐。

项羽死了。他死得悲壮，也死得糊涂。

司马迁评论说，项羽生来异禀，据说有两个眼仁儿，和尧舜禹中大舜帝一样，他们俩难道有渊源吗？项羽开始时倒也挺了不起，白手起家，三年而亡秦，分裂天下，政由羽出，号为霸王，近古以来未尝有。他自己任人唯亲，杀义帝，背信弃义，反而怨恨诸侯背叛自己，这不是自相矛盾吗？夸耀自己的战功（自矜功伐），欲以武力经营天下，五年身败名裂，尚且不觉醒不自责，还说"天之亡我，非战之罪"，这不是太荒谬绝伦了吗？

司马迁的评论中肯至极。

《史记·项羽本纪》是一篇优秀的文章，给我们留下了许多成语和典故，如"破釜沉舟""沐猴而冠""羊狠狼贪""项庄舞剑，意在沛公""人为刀俎，我为鱼肉""披坚执锐""衣绣夜行""天下匈匈""霸王别姬""自刎乌江""四面楚歌""十面埋伏""垓下之围"，其他如"战胜而将骄卒惰者败""天之亡我，非战之罪""竖子不足与谋""秋毫不敢有所近""作壁上观""各自为战""西楚霸王""国家安危，在此一举""楚虽三户，亡秦必楚"，等等。

◎垓下之战汉方的主力兵团

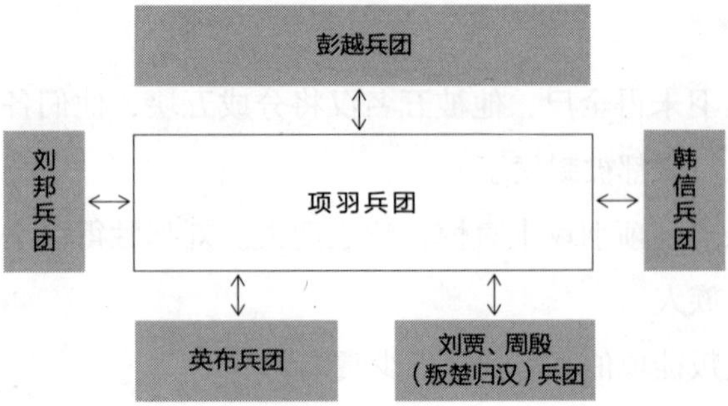

蒲松龄一生坎坷，科举之路荆棘丛生。他曾经写了一副“落第自勉联”：有志者，事竟成，破釜沉舟，百二秦关终属楚；苦心人，天不负，卧薪尝胆，三千越甲可吞吴。

他运用了项羽与越王勾践的典故。

此联是笔者的座右铭之一。

第十九章　不过江死为鬼雄　性残暴难称英豪

项羽的死，让后人惋惜。李清照认为他死得慷慨："生当作人杰，死亦为鬼雄。至今思项羽，不肯过江东。"还有一派认为项羽不该自杀，应该图谋东山再起。例如，杜牧写诗："胜败兵家事不期（没法预料），包羞忍耻是男儿。江东子弟多才俊，卷土重来未可知。"

项羽还是别东山再起了，他根本不是当管理者的料，以他的智力，只能当个冲锋陷阵的先锋，当不了团队的首领、军队的统帅。鬼使神差，他当了领袖，也开始了痛苦的生涯。他不知自己责任所在，战略上没对过，一直带队疲于奔命。他太累了，也该歇歇了。不作为个人，而作为一个迷迷糊糊、不知把团队引向何处的首领，他自杀反而是一种解脱，尽管自杀是懦夫的表现。

看人看事都要从两方面看，对项羽的评价也要采取二分法。项羽敢于反抗强权，敢于在毫无胜算的情况下破釜沉舟、拼死一战，他在中国历史上涂抹了重彩，这是我们不能忘记的。从个人角度来说，笔者非常同情这种悲剧性人物。但是作为一个团队领袖，项羽是不够格的。一个人更多时候不是为自己活着，人都是有责任的。项羽应该保护并争取自己团队的利益，这是使命，是不能感情用事的。

项羽作为一个个体，还是很有魅力的。他可能是一个很好的朋友。相比来说，刘邦就要心狠手辣得多。但是，从团队意识上看，刘邦是天生的领导人。

项羽进咸阳之后的所作所为就不敢恭维了。他屠杀平民，只此一点，就站在了民众的对立面。谁草菅（jiān）人命，谁终究有一天就要被钉在历史的耻辱柱上。

项羽的可悲之处在于他终生执迷不悟。不能正确认识自己、没有团队意识、有勇无谋、处事方法简单、用人唯亲、赏罚不均、无战略眼光，前面任何一条，有时都足以致命，何况项羽百毒攻心，早就病入膏肓、无药可救了。

在这里必须澄清一下，本篇引用的史实都是《史记》上记载的。读过原著的朋友看此篇，会感觉笔者对项羽批判得很厉害，好像和司马迁对项羽的感情不一样，这就涉及看待历史人物的着眼点问题了。如果从文学的角度来看，《史记·项羽本纪》是百读不厌的千古文章，但是笔者从团队意识的角度来读，自然批判得很厉害。但这只是读《史记·项羽本纪》的一个角度罢了，绝对不是全部，大家一定要注意这个问题。

细心的读者会发现，司马迁把项羽的失败原因及缺点、弱点写得淋漓尽致。司马迁因为自己身世悲惨，所以对这些悲剧人物尤其同情。我们有时会被这种悲情所感染，而忽略了项羽的人格缺陷。如果我们再细细咀嚼就会发现，司马迁笔下的人物基本都是悲剧人物，他们或有身世飘零之悲，或有壮志难酬之悲，或有好事多磨之悲，或有命运跌宕

（dàng）之悲，不一而足。

这段历史多姿多彩，肯定不止这些名人，然而司马迁不但选择某种类型中最具代表性的人物，而且愿意选择最悲情的人物，然后，他在这个人物身上倾注自己的所有情感。这些人物尽管悲情，但却没有消沉颓废，反而大多胸怀大志。他们或者为了改变命运，或者为了酬谢知己，或者为了社会道义，锐意进取、不屈不挠，必要时刻，敢于以身殉道，其豪放不羁的性格和积极进取的精神，让人在灵魂接受洗礼的同时，还会豪情勃发，也想“乘长风，破万里浪”，不管前面是刀山火海，还是万丈深渊，都一往无前。

第二十章　楚霸王发人深省　勤修身内圣外王

笔者在批评项羽的同时，也在进行自我批评。

当自以为是与刚愎自用肆虐的时候，肯定是人生最黑暗的时期，不信大家可以联系自己的实际来思考一下。笔者确实应该从心眼儿里感谢司马迁，是他笔下的项羽这个人物给了笔者最好的参照，让笔者从噩梦中惊醒，开始重新审视自己，重新给自己定位，重新对自己进行严厉的批评，与“昨日之我”进行彻底的清算。

出类拔萃的人物寥寥无几。不是每个人都会成为团队领袖，但是每个人都要经营自己的人生，因而都要察纳雅言，都要进行人生抉择。

有一个问题一定要搞清，就是很多人认为自己只是一个平民百姓，当不了团队领袖，有没有团队管理能力无所谓。你要是有这种想法，就大错特错了。你可能不经营企业，但是你一定会经营自己的小家庭，至少要经营自己极具特殊性的人生。

两个人合作做事，就是一个团队。你可能没有有形的团队，但是不管你做什么，你都有一个“无形的团队”。

这个“无形的团队”，成员极其复杂，包括人，如你的父母、兄弟、姐妹、丈夫或妻子、子女、朋友、老师、同学、同事等，总之，以你为中心的这个人际关系网中的人，都是你团队的成员，其中甚至包括有一面之缘的某人及小说中虚构的人物。总之，一切能给你提供建议的，能给你提供参考的，都是你的团队成员。这个团队成员的身份没有限制，可以是工农商学兵，可以是饱读诗书的智者，可以是大字不识的实践者，甚至可以是你一直瞧不起的社会底层的人物。这个团队成员的年龄也没有限制，可以是历经沧桑的老人，可以是英明睿智的中年人，可以是敢作敢为的青年人，也可以是牙牙学语的儿童。在你能做到“知己知彼”的情况下，成员说错了没关系，说的是反对意见也没关系。

这个团队不光包括人，还包括事物，包括别人的实践经验，成功的，或者失败的。而且这个团队还包括时空，当前的或历史的，中国的或外国的。闻道有先后，术业有专攻。如果你态度端正，万事万物都是你学习的对象和榜样。只要把这个“无形的团队”带好了，你必将力大无穷、无往不胜。

笔者没有什么丰功伟绩值得别人借鉴，但是作为一个改变了自己性格的小人物，笔者可以善意地提醒大家，当你的人生遇到困境时，不要总抱怨客观环境，而要“反求诸己”，就是你自己动手，做一次“知己知彼”的调查研究，你一定能找到方法，可能这是唯一能从根本上解决问题的方法。任何一个人，如果掌握了“自我批评、闻过则喜、见贤思齐”这些思想武器，一定会达到“内圣外王”的境界，“修身齐家”自然不在话下。如果你是一个胸怀四海的大丈夫，你战胜了自己，恐怕就要天下无敌了！这是笔者——一个曾经的现代版“西楚霸王”——在浴火重生之后，给你介绍的一点成功的经验。笔者孜孜不倦地向这些团队成员学习，乐此不疲，正确的珍之重之，收入囊中，错误的仔细揣摩，引以为戒。

项羽先生，有可能批评您过重了，但请您不要见怪。如果因为批评您而让您的后人获得了如梦方醒的机会，您也应该心满意足，因为您的历史贡献在两千年后又大放光芒了。这是不是您的人生价值又得到了肯定？

因此，读项羽的传记，甚至读一切人文类的书，用人性批判的观点进行分析是最有现实意义的。如果经典不能指导实践，只是口头上的锦绣文章，那我们继承它们还有什么意义？

高祖本纪

豁达大度从谏如流，谋臣如云武将如雨，三年亡秦四年灭楚，衣锦还乡慷慨大风。高祖志得意满，骂曰：乃公得天下安用诗经尚书乎？

今赊壶酒明欠只鸡，厚颜无耻贺钱一万，彭城溃败三扔太子，若烹乃翁分我杯羹。陆贾窃窃偷笑，回道：马上打天下岂能马上治天下！

嗣敏试对《高祖本纪》

第一章　看私德刘邦不堪　观大局高祖雄起

要开始讲述历史上非常有争议的高祖刘邦了。

有一个问题，先讨论一下。关于刘邦诛杀功臣的问题，是评价刘邦的一个绕不过去的问题，这个问题要是不做基本的辨析，很多人会给刘邦打上“无赖皇帝”“酒色皇帝”“残忍好杀”这几个标签。如果这样评价人，就简单化、标签化了，也不公平。这就好比此前在本系列丛书之《吴越争霸（故事篇）》中评价吴王夫差和越王勾践一样，要想简单化，就说吴王夫差是因骄奢淫逸、好酒好色而亡国的，越王勾践是靠卧薪尝胆、使用阴谋而成功的。可历史真这么简单吗?

评判一个历史人物，要用历史的视角，不能只用现代的视角。并且，在理解刘邦杀功臣的问题上，也不能只从功臣的视角看，只从这个视角看，就很容易进入同情弱者的节奏，然后用道德批判的手段批判另一方。在本系列丛书之《秦史之谜》中，笔者一再说，不仅要从六国的视角、弱者的视角看秦国，还要从秦国的视角、强者的视角看秦国，否则，就容易陷入简单的道德批判泥潭而无力自拔。

同样，评判刘邦对待功臣的态度，只有从多个角度看，才能得到一个相对立体的认知。

如果用现代的视角来看刘邦铲除功臣的行为，毫无疑问，刘邦是杀人犯，作为个体，他应该被枪毙，并且立即执行。他为什么不能和功臣们坐下来，召开一个“民主生活会”，大家都好好的，好话好说，互相妥协一下，彼此宽容，放下屠刀，握手言欢？要知道，现代民主，是历经了多少代、死去了多少人，才最终产生的。它不是从天上突然掉下来的。以宽容之心善待政敌和反对派，即便在现代，也还有很长很长的路要走。如果用这个视角来看刘邦，那是非常可笑的。

在本册之《项羽本纪》中探讨过刘邦的生卒年份——公元前 256 年或公元前 247 年至公元前 195 年。如果出生年是公元前 256 年，那就是秦昭王五十一年，而秦始皇是秦昭王四十八年（公元前 259 年）出生的，刘邦比秦始皇小 3 岁。如果出生年是公元前 247 年，则为秦庄襄王三年，第二年则为秦王嬴政元年（公元前 246 年）。笔者倾向于刘邦公元前 256 年出生，那么刘邦在秦二世元年（公元前 209 年）起兵时，约 48 周岁，而在公元前 195 年去世时，约 62 周岁。

出生于公元前 256 年的刘邦，经历过战国的纷争、秦始皇的兼并战争、秦王朝的大一统、秦二世时的社会管理失灵，紧接着就是激烈的、持续了七八年（公元前 209 年至公元前 202 年）的秦末农民起义和楚汉战争，然后才成为皇帝。这一段时间是中国历史上最为激荡的岁月，在这样的乱世中成长起来的人，内心都比较坚硬，都是强者，因为弱者都被淘汰出局了。

在这样的背景下，刘邦只能在自己的历史坐标系中生活和思考。

◎刘邦的人生境界其实一直在提升

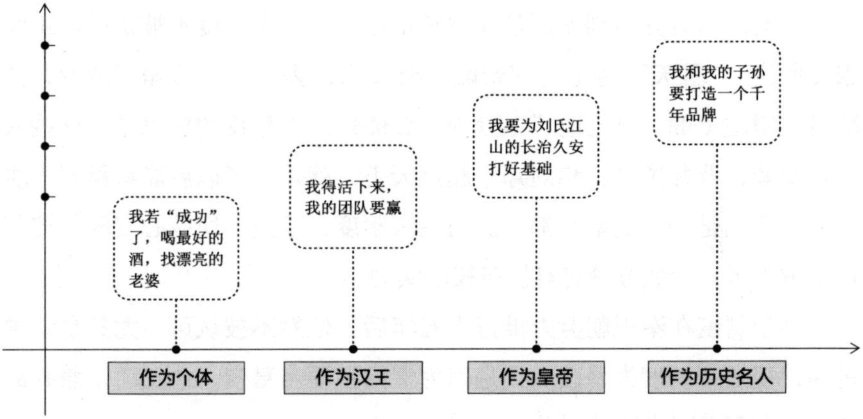

在本系列丛书之《吴越争霸（故事篇）》中，笔者详细探讨了吴王夫差与伍子胥的战略分歧，那是原则之争。如果双方都坚持自己的原则，那么就没有缓和的余地。吴王夫差奉行北进战略和争霸战争思维，而伍子胥奉行先灭越再北进战略和兼并战争思维。伍子胥坚持不让步，最后只能以自杀而告终。

笔者在本册之《项羽本纪》中详细探讨了项羽与刘邦的战略分歧。项羽的政治理想是“分封制度＋霸主模式”，而刘邦认可秦始皇建立的“皇帝制度＋中央集权制度”。

项羽在进入咸阳后，分封了十八路诸侯，加上他自己的西楚霸王，一共是十九路。他认为自己是“诸侯之长”。

但是，这个体制的稳定还没有几个月，就开始动摇了，战火普遍燃烧起来：当年二月分封，四月诸侯就国，六月刘邦就决定东向；田荣在齐地公开反抗项羽；陈馀、彭越等也打出了反项的旗帜。未曾公开翻脸的诸侯也未必真心认可项羽的封赏。在刘项公开对决后，诸侯大多数都跑到了刘邦那一边。

其实，当时分封制度还是非常有市场的，皇帝制度不被认可。正像张良所说："且天下游士离其亲戚，弃坟墓，去故旧，从陛下游者，徒欲日夜望咫（zhǐ）尺之地。"(《史记·留侯世家》) 张良的意思是，这些人离开亲戚，背井离乡，和刘邦一起打天下，就是为了以后能够得到一块封地，哪怕是一小块地盘都行。而皇帝制度，是把一切核心资源都控制在皇帝手里，让地方没有对抗皇权的实力。

皇帝制度在秦王朝努力推行十五年后，依然不被认可，尤其是六国贵族，视皇帝制度为暴政。正是因为秦始皇要当皇帝，才发动了兼并战争，剥夺了六国贵族的利益。

赞赏和支持分封制度的一定是绝大多数，包括韩信、英布、彭越，都想要一块属于自己的地盘，不过，在这个层次上的人，已经不满足于当一小块封地上的"地税局局长"了，而是要建立自己的独立王国，拥有军事权、财政权和行政权。但是，各自为政不符合刘邦的战略构想。

当时给刘邦的选择不多，一个是周朝制度，另一个是秦朝制度。周朝制度在春秋战国时代的不合时宜已经有目共睹了，它不是长治久安之道。秦朝制度的优越性当时没有多少人能够认识到，但是，刘邦认识到了。在打天下的时候，他不得已分封了一些异姓诸侯王，这是他的权宜之计。像韩信，干脆直接要，造成当了齐王的事实之后才向刘邦汇报，刘邦被迫给了韩信一个当齐王的"合法"的"资格证书"。

《史记·项羽本纪》记载："汉五年，汉王乃追项王至阳夏（古县名，故治在今河南太康。它是吴广的家乡）南，止军，与淮阴侯韩信、建成侯彭越期会而击楚军。至固陵（今河南太康南），而信、越之兵不会。楚击汉军，大破之。”

在固陵之战前，韩信、彭越就开始不听指挥了，以至于刘邦再次败于项羽。后来，张良出主意，“自陈（今河南周口淮阳区）以东傅海（自陈县往东直到大海），尽与韩信；睢阳（古县名，故治在今河南商丘南。春秋时宋国土地。秦置县，因为地处睢水之阳而得名）以北至穀城（故治在今山东平阴西南），以与彭越”。这个命令传达到了韩信、彭越那里后，两人立刻说：“请今进兵。”

刘邦的承诺一到，二人马上进兵，于是才有了垓下之战。

彼时正处用人之际，刘邦没有办法。但是，他认为他们是在要挟自己，和自己不一条心，加上“分封制度”也不符合自己的战略设计，于是刘邦最后举起了屠刀。

从韩信、彭越、英布这些人的视角来看，获得裂土建国的待遇，是自己拼杀出来的，是自己应该得到的。尤其，司马迁评论韩信时，认为韩信的功绩可以与周朝的周公、召公和姜子牙相提并论，是一线功臣、排名前三的人。被刘邦评为第一功臣的萧何，在司马迁的眼里，只是闳夭、散宜生之流，与周公、召公、姜子牙相比，萧何就是二流功臣了。

没有刘邦就没有韩信的舞台，没有韩信就没有刘邦的功业。在已经成就了功业的刘邦眼里，韩信就从功臣变成了潜在的不安定因素。这是不讲道理、不够意思的，但这就是政治。

虽然杀韩信和彭越，命令都出自吕后之口，但高祖刘邦不可能一无所知。刘邦夫妻俩在打配合，这是极有可能的。

新燕王卢绾是被逼反的。他与刘邦是地地道道的老乡，同年同月同日生，关系相当密切。可是当时他受到刘邦猜忌，处境危险，不得不反。《史记·韩信卢绾列传》记载：“非刘氏而王，独我与长沙耳。往年

◎垓下之战前刘邦与下属的聊天记录截图，信息量大

秦朝不动通信 XG 90 汉高祖五年

< 亡秦灭楚兴汉项目组（150人） ···

把酒问苍天（刘邦） 漢

@所有人：封王封侯的关键管理指标说明书
○大汉御史办公室

把酒问苍天（刘邦） 漢

诸位，告诉大家一个好消息，我准备对项籍发动总进攻，关于封王封侯的奖惩条例已经制定完毕，想要获得奖赏赶快动手，手快有手慢无

樊 吃生肉我怕谁（樊哙）

急发兵，坑竖子耳

周 吃熟肉我怕谁（周勃）

我不会说话，干就完了

陈 我不是阴谋家（陈平）

老大英明，时机到了

萧 稳坐钓鱼船（萧何）

钱粮兵源准备充足

……（大家纷纷表态支持）

把酒问苍天（刘邦） 漢

@运动战专家（韩信）@游击战高手（彭越）二位怎么不吱声呢？我们约好一起出兵击项，结果你们不出兵，在固陵我又被项籍揍了，你们良心不痛吗？

……（二位不说话）

把酒问苍天（刘邦） 漢

我决定，自陈以东傅海，都给韩信；自睢阳以北至穀城，都给彭越。出兵吧

韩 运动战专家（韩信）

不废话。请今出兵

彭 游击战高手（彭越）

瞧好吧。请今出兵

春，汉族（灭族）淮阴，夏，诛彭越，皆吕后计。今上病，属任吕后。吕后妇人，专欲以事诛异姓王者及大功臣。”这是卢绾对亲近的人说的话，大致是说，非刘氏称王者，只剩我和长沙王了。去年（汉高祖十一年，即公元前 196 年）春，族灭淮阴侯韩信，夏天，诛杀梁王彭越，这都是吕后的主意。现在皇上病了，吕后掌控大局。吕后这个女人，专门找碴儿诛杀异姓王和大功臣。

一般来说，一旦取得大的成功，为了巩固自己的胜利果实，出身越低微的人，手段越毒辣，因为，一个此前连吃饭都有困难的人，一旦掌握了大权，他总怕被别人抢去了，于是会把所有可能抢夺自己权力的人都铲除掉。而出身高贵的人，吃过见过，受过相对良好的教育，则会采取相对宽容的手段。

从功臣的视角来看，刘邦夫妇刻薄寡恩，卸磨杀驴。

其实，项羽也一样卸磨杀驴。韩王成、义帝都是没有过错而遭到杀害的，但是大家都没注意到这些问题。相反，在大家印象中非常暴虐的秦始皇，在成功之后，却没有杀功臣。

刘邦杀功臣，却不滥杀无辜。刘邦并不暴力，像朱元璋借着明初四大案，即“胡惟庸案”“郭桓案”“空印案”“蓝玉案”，大开杀戒，以便实现自己的政治目的，被诛杀的人成千上万，那才是真正的暴力。

汉初八个异姓诸侯王，燕王臧荼、韩王信、楚王韩信、梁王彭越、淮南王英布、燕王卢绾、赵王张敖、长沙王吴芮，前五个接连出事，而且他们都是非常配合地“谋反”，在项羽没有被灭之前，他们都没有谋反，等到天下大定之后，他们就开始“谋反”，确实属于相当“配合”刘邦的。后三个算是得到了善终，燕王卢绾逃到了匈奴，刘邦够不着，侥幸未被杀。赵王张敖是张耳之子，刘邦吕后之婿，鲁元公主之夫，算是惊险过关。长沙王吴芮的势力相对弱小，而且他相当服从刘邦，杀死英布的就是吴芮之子吴臣，因此吴芮没有大的风险。

除了这几个异姓王，跟着刘邦打天下的功臣，有 137 人被封侯，加上外戚和王子，封侯者一共 143 人。从汉初到汉武帝太初年间（太初元年为公元前 104 年），大约过了 100 年，汉初分封的侯爵只剩五个了。他们或者因为犯罪，或者因为无后，绝大多数都消失了。这也是正常和自然的。

可以说，跟着刘邦打天下的，绝大多数人获得了生时的荣华富贵和死后的名垂青史。

◎汉初十八侯简况

位次	名字	侯爵名	所封之地今址	所封户数	始封时间	谥号	备注
1	萧何	酂侯	河南永城	8000	六年正月丙午	文终	
2	曹参	平阳侯	山西临汾	10600	六年十二月甲申	懿	
3	张敖	宣平侯	宣平是号，有爵无地	不详	九年四月	武	高祖之婿
4	周勃	绛侯	山西绛县	8100	六年正月丙午	武	
5	樊哙	舞阳侯	河南舞阳	5000	六年正月丙午	武	
6	郦商	曲周侯	河北曲周	4800	六年正月丙午	景	其本传为 5100 户
7	奚涓	鲁侯	山东曲阜	4800	六年中		
8	夏侯婴	汝阴侯	安徽阜阳	6900	六年十二月甲申	文	
9	灌婴	颍阴侯	河南许昌	5000	六年正月丙午	懿	
10	傅宽	阳陵侯	陕西泾阳	2600	六年十二月甲申	景	

续表

位次	名字	侯爵名	所封之地今址	所封户数	始封时间	谥号	备注
11	靳歙	信武侯	其地不详	5300	六年十二月甲申	肃	
12	王陵	安国侯	河北安国	5000	六年八月甲子	武	
13	陈武	棘蒲侯	河北魏县	不详	六年三月丙申	刚	又称柴武
14	王吸	清阳侯	河北清河	3100	六年十二月甲申	定	又名王隆,《汉书》记为 2200 户，称清河侯
15	薛欧	广平侯	无考	4500	六年十二月甲申	敬	
16	周昌	汾阴侯	山西万荣	2800	六年正月丙午	悼	
17	丁复	阳都侯	山东沂南	7800	六年正月戊申	敬	
18	蛊逢	曲城侯	山东招远	4000	六年三月庚子	圉	《汉书》为虫达

备注：

1. 今址参考《史记注译》。
2. 总计：88300 户（不包括张敖、陈武）。

◎其他一些重要的侯爵

位次	名字	侯爵名	所封之地今址	所封户数	始封时间	谥号	备注
无	韩信	淮阴侯	江苏淮阴	不详	六年四月	无	从楚王降为淮阴侯
62	张良	留侯	江苏沛县东南	10000	六年正月丙午	文成	拒封齐地 30000 户
47	陈平	曲逆侯	河北顺平	5000	六年十二月甲申	献	
28	召欧	广严侯	山东青州	2200	六年十二月甲申	壮	

续表

位次	名字	侯爵名	所封之地今址	所封户数	始封时间	谥号	备注
86	陈婴	堂邑侯	江苏南京六合区	1800	六年十二月甲申	安	曾孙女为汉武帝皇后陈阿娇
*	吕泽	周吕侯	一说是封号，非地名；一说在江苏徐州东南	不详	六年正月丙戌	令武	吕后的大哥
*	吕释之	建成侯	河南永城	不详	六年正月丙戌	康	吕后的二哥
无	项缠	射阳侯	江苏淮安	不详	六年正月丙午	无	即项伯，被刘邦赐姓刘
无	陈豨	阳夏侯	河南太康	不详	六年正月丙午	无	据说韩信与陈豨密谋反叛
57	雍齿	汁方侯	四川什邡南	2500	六年三月戊子	肃	封雍齿以安众心。刘邦最恨他
59	审食其	辟阳侯	河北枣强	不详	六年八月甲子	幽	吕后最宠幸之人
61	谔千秋	安平侯	河北安平	2000	六年八月甲子	敬	
22	周緤	蒯成侯	其地不详	3300	十二年十月乙未	尊（或贞）	沛人。高祖六年封为信武侯，十二年改封为蒯成侯
65	张苍	北平侯	河北保定满城区	1300	六年八月丁丑	文	
*	刘信	羹颉侯	应为封号	不详	七年中	无	刘邦大哥之子
101	吕马童	中水侯	河北献县	1500	七年正月己酉	庄	分解项羽尸体的五人之一
*	刘仲	合阳侯	陕西合阳	不详	八年九月丙子	顷	刘邦的二哥，从代王任上逃亡
60	周成	高京侯	不详	不详	九年四月戊寅	不详	《汉书》称高景侯。周苛之子、周昌之侄
118	张相如	东阳侯	山东武城	1300	十一年十二月癸巳	武	

续表

位次	名字	侯爵名	所封之地今址	所封户数	始封时间	谥号	备注
115	陶舍	开封侯	河南开封西南	2000	十一年十二月丙辰	闵	
*	刘濞	沛侯	江苏沛县	不详	十一年十二月癸巳		刘仲之子，后为吴王，发动了吴楚叛乱
无	赵尧	江邑侯	不详，一说在河南息县	600	十一年正月辛未	无	
88	刘泽	营陵侯	山东安丘	12000	十一年	不详	后升为琅邪王
89	任敖	广阿侯	河北隆尧	1800	十一年二月丁亥	懿	曾保护过吕后

备注：

1. 刘邦时代的纪年，依然沿用秦朝的纪年方法，以十月为岁首。汉六年是这样纪年的：十月（岁首）、十一月、十二月、正月、二月、三月、四月、五月、六月、七月、八月、九月（岁末）。所以，在汉高祖六年十二月封侯的人，比正月封侯的人要早。汉武帝推行“太初历”，以正月为岁首。

2. 汉高祖六年，是一个非常重要的年份，发生了很多大事，最重要的有两件：一件是分封同姓诸侯王，另一件是大封开国功臣。

3. 在刘邦时代，以上 42 人是功劳和影响力较大的，“初汉三杰”和曹参等是起到决定性作用的人物，其他的略过不表。

4. 位次问题，按照《汉书・高惠高后文功臣表》的记载排序。“无”，是原文没有标出，韩信、陈豨的问题比较好解释，两人有所谓“谋反”罪行，因此被取消排行。韩信，从楚王降为淮阴侯，功臣排名未标出其名次。“*”中，吕泽、吕释之在《汉书・外戚恩泽侯表》中，刘信、刘仲、刘濞在《汉书・王子侯表上》中，这五人，不在功臣的大排行中。从位次上可见，按“军功授爵”是封侯的主要标准，萧何排第一，是因为有刘邦的支持，是按“事功授爵”。

5. 详情请参看《史记・高祖功臣侯者年表》和《汉书・高惠高后文功臣表》。

刘邦不是一个滥杀无辜的人。

这些事情后文还会慢慢道来。

第二章　造神话梦与龙交　刘亭长好酒及色

晋代的阮籍瞧不起汉高祖刘邦。

他曾经到楚汉战争的古战场进行考察，说了一句：时无英雄，遂使竖子成名。他认为刘邦的成功纯属偶然，只是因为竞争对手太弱。难道真这样吗？先不要下断言，先看看《史记·高祖本纪》的记载。《史记·高祖本纪》是《史记》中的优美篇章，是一篇社会底层人物白手起家的奋斗传略，也是一篇团队首领任人唯贤的人才战略经典案例。

刘邦出生在沛县。《史记》上说刘邦字“季”，但后人梁玉绳考证，“季”既不是“名”，也不是“字”，而是排行。刘邦家世低微，可能没有正经起名字，“邦”是他做皇帝后自己起的。以前的排行是伯、仲、叔、季，刘季原来的意思可能就是“刘老四”，相关辨析见本系列丛书之《秦史之谜》。刘邦的父亲叫“刘太公”，母亲叫“刘媪”(ǎo)。“太公”不是名，而是对男性长者的尊称；“媪”也不是名，而是指年老的妇女。这些都说明了一个问题：刘邦出身低微。但英雄不怕出身低微。

刘邦能够打败项羽，是因为出身低微的刘邦和贵族出身的项羽不同，刘邦比较熟悉社会生活，了解人心。

管理不是在书斋里学出来的，背诵多少管理条文、记住多少管理案例都是没有用的，真正的管理大师大多是从摸爬滚打中成长起来的。管理要做得好，就要懂人情世故、人性心理，明了人间疾苦，知道因势利导，学会沟通协调，还要知人善任。不懂这些，只靠学堂的毕业凭证就想呼风唤雨，恐怕不能遂人所愿。作为一个战略层的领导者，体察人性、了解社会或有那种对痛苦生活刻骨铭心的理解，无疑是最可贵的。相对于项羽高高在上的“贵族气质”的优势，刘邦低微到尘埃的劣势反而成了他最大的优势。这也是辩证法。

司马迁迫于当时“官方媒体操纵的舆论”的压力，不得不对刘邦进行神化。还有一种可能，就是这种神化是另一种形式的赞扬。许多神话传说都是人类出于对自然、祖先以及强大的神秘力量的崇拜而产生的。毕竟当时科学知识有限，司马迁当时也可能“宁信其有”。

据《史记》记载，刘邦的母亲曾经在水泽边的大堤上休息，梦与神遇。当时的场面相当壮观——雷电轰鸣，风云变色。刘太公看到蛟龙盘缠其上，刘大妈没过多久就怀孕了，后来生下高祖刘邦。如果此说成立，那么刘邦还不是刘太公的亲生儿子了呢！

这个刘邦长得怎么样呢？据说，他隆准而龙颜，美须髯（rán，两腮的胡子，也泛指胡子），左股有七十二颗黑痣。用现在的话说就是，刘邦天庭饱满，地阁方圆，高鼻梁，络腮胡须（极具男人魅力），而且在左腿上有七十二颗黑痣（痣谐音“志”，这才是最神奇的地方）。

中国人对“五”“六”“八”“九”这四个数字比较推崇。比如：《三国演义》中有老百姓评出的“五虎将”（在正史中无记载，可能是民间艺人的评定）；《红楼梦》中有“金陵十二钗”（六的二倍）；《水浒传》中有“三十六天罡”（六的六倍）、“七十二地煞”（九的八倍）；《西游记》中有“九九八十一难”“九九归真”；《孙子兵法》中有《九变篇》；《三十六计》分成六套计策，每套六个；《红楼梦》《水浒传》《三国演义》都是一百二十回（六的二十倍）；故宫大门的铜钉是九行，每行九个（“九”谐音“久”。铜钉九行，每行九个是帝王专用，违者必究）；重阳节是九月初九；一年分十二个月（六的二倍），又有二十四节气（六的四倍）。“九”是阳数的极致，按照《周易》的说法，日中则昃（zè，太阳偏西），月满则亏。太繁盛了反而不好，也不是一般人能享受得了的。而“六”更受人偏爱一些，比较适中，能进能退，符合中庸之道。这些只是笔者略感好奇，瞎想一通。但有一点笔者敢确认，数字在中国文化中有种神秘感，特别是“六”与“九”。由此可见，记载刘邦左腿有“七十二”（六的十二倍或九的八倍）颗黑痣还是有点意思的。

刘邦很神奇。但是，这个神奇的“真龙天子”刘邦，年轻时却是个标准的“问题少年”，是中国古代版“嬉皮士”的代表。他喜欢享受生活，好酒及色。按照百姓的道德标准，刘邦的生活作风甚至为人所不齿。这也是刘邦一直为人所诟病的地方。

但是，要辩证地评价开创一个时代的伟大人物，要理解他。我们总说“人生得一知己足矣”。什么是“知己”？知己是指另外一个了解自己的人。了解得透彻，才能理解得深刻，才能包容他的缺点，因势利导，珍惜并发扬他的优点，然后帮助他改正缺点、弥补不足。而且正因为理解，所以才能不伤害对方，自己的态度、方式、方法才能符合对方的心意。在异性之间有“红颜知己”“蓝颜知己”的说法；在年龄差距较大的人中有“忘年交”的提法；在诗词上有“知己”的说法（最有名的诗句就是“海内存知己，天涯若比邻”)；在音乐上有“知音”的说法(“高山流水”见证了钟子期与俞伯牙的心心相印)。中国最有名的知己相交的典故就是“管鲍之交”(管仲和鲍叔牙)。“知音”与“知己”成为互相理解、互相欣赏的代名词。理解人叫“闻弦歌而知雅意”，讥人不理解自己则说“对牛弹琴”。

不以小眚(shěng，过失)掩大德，这是评价政治人物的好方法。特别是对开国君主，要看他对历史、对百姓的贡献。

第三章　有度量任侠放荡　贺钱万徒好大言

刘邦仁而爱人，乐善好施，豁达大度，不拘泥于世俗礼法。他不从事一般平民百姓谋生的职业，当然，这也并不表明他当时就真有什么移山倒海的抱负。事情都是一步一步做起来的，从来就没有一口吃成胖子的事情。

刘邦的游手好闲不值得我们学习。如果谁以之为不学无术、放任自流的借口，谁就死定了，因为历史上只有这么一个刘邦。时代不同，社会环境不同，自身条件不同，不能单纯地模仿他人，这是笔者必须指明的。大家能够学刘邦不斤斤计较于蝇头小利、放宽视野还是对的。

刘邦长大以后，当上了泗水亭亭长（泗水亭在今江苏沛县东。亭长是古代最基层的官吏）。刘邦做了一个最基层的小吏，也算是早早地投身于政治了。他主管泗水亭的民事诉讼以及征丁征粮等琐碎杂事。谁家汉子打老婆了，邻里不和了，兄弟争财产了，调解这类事，有身份的人不爱干，老实百姓又干不了，只适合他这种人干。

刘邦做事也不那么正儿八经，喜欢戏弄人，即使县里的官吏，他也常常戏弄。而且他爱好酒色。既然已是有身份的人了，那就应该出入一下高档豪华场所，那时最好的地方莫过于酒馆了。

刘大人有钱就呼朋唤友寻欢买醉，没钱也照喝不误——赊（shē）账。而更为神奇的是，他喝醉后，酒馆老板娘竟发现他睡觉时身上能看到有龙若隐若现。年末该还酒钱了，两家酒馆竟然毁掉欠据，免除了他的债务。刘邦也乐得吃这个“霸王餐”了。看来身上有一点神秘色彩是有好处的。

刘邦终身大事的确定也颇有意思。沛县县令有一个至交叫吕公，为躲避仇人，举家搬至沛县。因为是县令的朋友，沛县有头有脸的社会名流就组织了一次“茶话会”欢迎吕公，算是为县令撑撑门面，也就是“花花轿子人抬人”的意思。后来的汉代开国丞相、当时的功曹掾（yuàn，属员。这里指掌管办公室行政一类的官员）萧何代县令接收礼物。由于人来得太多，萧何只好规定“凡是不满千钱的都坐在堂下”。

刘大人是逢酒必喝的，这么好的酒席岂能错过？他最烦别人用钱砸他，听说有这么个规定，于是乎，他诈说“贺钱一万”——欠款。他兜里比脸上还干净，一个钱都没有。

吕公接到“名片”一看，“大秦帝国沛县泗水亭亭长刘季，贺钱一万，些小礼物，不成敬意”，大惊，离座要出门迎接。这一万钱是什么概念呢？《睡虎地秦墓竹简》上记载了当时的日薪，是每天 8 个钱，这条信息是考古出土竹简上记录的，是“历史的真实”。而且，竹简记录的时代与刘邦生活的时代比较接近，可以作为参考。日薪 8 个钱，是因为欠官府的钱，用劳役抵债，或者“赎迁罪”（迁，流放迁居边境，是一种惩罚，可以用钱赎）的标准。刘亭长一出手，就是一个普通人三年的工资，是不是有点吓人？那时，萧何还不太瞧得起刘邦，他知道刘邦的底细，就提醒吕公道："刘季他就会说大话。"但吕公坚决要迎接刘邦。他看到刘邦后赞叹不已。为什么呀？因为吕公善于相面，慧眼识风流，一看刘邦就是个人物，于是对刘邦敬重有加，也根本不看他带了多少钱，就把刘邦让到上座。

刘大人步态从容，一点不安的意思都没有，昂然入座。一时觥筹交错（觥筹，gōng chóu。觥筹交错，酒杯与酒筹交叉错杂，形容酒席的热闹场面），宾主言欢。

宴饮完毕，吕公坚持把刘邦留下，然后语重心长地对刘邦说："我阅人无数，从没看到过像你这样的富贵相，愿你好自为之，把握生命中的机遇。我有小女，愿意嫁给你，怎么样？"刘邦正为娶媳妇这事闹心哪，一般人家的姑娘不敢嫁给他，感觉他靠不住，没想到"天上掉下个吕妹妹"，他忙不迭地答应下来。

刘邦走后，吕大妈大骂吕公道："你这个死老头子，你是不是猪油蒙住了心肝，犯糊涂了！你常说女儿异于常人，要嫁给贵人。沛县县令，你的老交情，对女儿痴心不已，你就是不许。现在倒好，放着县令不嫁，非得嫁给那个衣食无着的二流子刘季。"吕公不为所动，说这里的玄机不是你们女流之辈能知道的，你们为什么只看眼前、只看表面？

各位光棍同志怎么就遇不到吕公这样的老丈人呢？

吕雉也就是后来的吕后，就这样嫁给了刘邦，生了一儿一女，儿子就是西汉第二代皇帝孝惠帝，女儿就是鲁元公主。

第四章　种田妇贵不可言　大丈夫当如此也

刘邦当亭长，可以算“事业编制”，但薪水不高。他是有一个钱花俩的主儿，在外面挺能装，经常入不敷出。没办法，他得种点儿地，贴补贴补家用。

有一次，吕后与两个孩子在地里拔草，有一位老者路过。那时没有冷饮亭，老者就向吕后讨碗水喝。喝完水后，他就对吕后说：“夫人是天下贵人，两个孩子也有龙凤之姿。”

那时，刘邦经常请假回来侍弄田地。这次到田里后，吕后就把这事和刘邦说了。刘邦赶紧追赶老者，因为这种话太让人振奋了。

刘邦追上了老者，让他给自己看看相。老者说：“君相，贵不可言呀。”这句话让刘邦大喜过望，说如果应了这句话，我一定不忘大德。但等他取得帝位后，再找这位老者，却找不到了。

老者有可能是为感谢他家的赐水之情，随口说说，可刘邦却拿了鸡毛当令箭。

刘邦在这期间还倡导了一次流行文化。他经常以竹皮护住头发，这种发型被称为“刘氏冠”。后来显贵了，他也常常这么打扮。刘邦可是潮流人物，纯天然的竹子对头发有护理功能也说不定。

秦时兵役徭役繁重。陈胜吴广起义就是因为他们服兵役，路遇大雨，无法按时到达，而按照秦朝法律，“失期当斩”，他们一合计，与其坐以待毙，不如奋起一搏，才铤（tǐng）而走险，揭竿起义了。

刘邦作为亭长，也经常带领民工服徭役。那时的服徭役不同于现在的做义工，现在的做义工是出于自愿的，而那时的服徭役却是强迫性的。他们要免费为国家修理道路、疏浚河床等。

有一回，刘邦看到秦始皇出巡的气派场面，喟然叹息道：“大丈夫当如此也!”他的意思是说，男人就该是这种活法。

同样是看到秦始皇出巡的气派场面，项羽说的是“彼可取而代也”。刘邦说得世故圆滑，项羽说得直接露骨。两人说没说这样的话？不一定，司马迁又没有在现场。然而，他们俩这样说才符合各自的性格与身份。这不一定是“历史的真实”，但却是“性格的真实”。有人据此说项羽比刘邦真诚，那就不一定了。

话非得说得露骨，才算真诚？

第五章　高皇帝斩蛇起义　沛县人应者如云

刘邦最后一次领队服徭役应该是在秦始皇死了以后。

秦二世征集民夫去骊山为秦始皇陵进行最后阶段的修缮工作，但在行进途中，很多人逃跑了。陈胜起义也是在秦始皇死了以后，不知他在秦始皇生前有没有这种勇气，可能有，因为官逼民反、逼上梁山。

刘邦一看，就算到了目的地也没用了，人都跑光了，自己独自一人去不是自寻死路吗？他索性卖个人情，先跟大家一起喝了一顿“散伙酒”，之后解开绳索让他们自行逃命，说你们都走吧。有十余个壮士没有离开，他们愿意跟刘邦走。

刘邦带着醉意，抄小路走，令一人在前面开道。不一会儿，这人回来说，前有大蛇挡道，我们还是绕道而行吧。刘邦这时酒劲上涌，说：“壮士行，何畏！”他走上前去，一剑斩断大蛇。又走了几里，刘邦醉得实在不行了，就在路边躺了一会儿。

后面跟上来的人说，他刚才遇到一个老妇在他们杀蛇的地方痛哭不止。他问老妇怎么了，老妇说，她儿子被人杀了。他问老妇，她儿子因为什么被人杀了，老妇说，她儿子是白帝之子，化为蛇，挡道，被赤帝之子杀了。

这又是一个神话。白帝是古代神话传说中五大天帝之一，位于西方，在五行中为金。秦朝供奉白帝，自称是其子孙。而赤帝也是五大天帝之一，位于南方，在五行中为火。汉代皇族自称是赤帝的子孙，后人称汉朝为“炎刘”。按照五行相克的说法，秦为金德，汉为火德，火能炼金。白帝子为赤帝子所杀，预示着秦朝终将被汉朝所灭。《三国演义》中说高祖刘邦“斩蛇起义”源于此。

刘邦听到这些话后，心里独喜。他心有所恃，而手下则日益畏之。这就是“畏天命，畏大人，畏圣人之言”的心理。

秦始皇在世时常说，东南有天子气，于是他巡视东方以镇服天下。刘邦心里有鬼，隐藏在芒山、砀山之间。吕后与别人去找他，常常很容易就找到了他。刘邦就很“诧异地”问她，我藏得这么隐秘，你怎么说找就能找到我？吕后说，你待的地方上面笼罩有五彩祥云，因此我一找一个准儿。刘邦又高兴得不得了。

沛县的年轻人听说这个故事后，都想依附他。

笔者写这些只是给大家解闷，当故事听听罢了。当然，它们也多少有助于我们理解时代背景。

秦二世元年七月，陈胜起义，建立张楚政权，反秦革命风起云涌。许多郡县的长官都被杀死，造反者另立起义军头领为长官，投身于革命浪潮中。

这股浪潮毫无疑问波及了沛县。沛县县令心急如焚，寝食难安。在充分评估天下形势后，他决定率先出击，宣布脱离秦朝统治，响应陈胜。有两个部员支持他的主张，一个是萧何，另一个是曹参（曹参当时是沛县的狱掾，应该是主管司法、刑狱的官吏。继萧何之后，曹参为汉朝第二任丞相。他是成语“萧规曹随”的主人公）。他俩劝沛县县令说，你本身是秦朝的“公务员”，现在你要反叛，别人会对你的诚意起疑心，怕你新瓶装旧酒、换汤不换药，或者怀疑这是你的诱捕行动。你不如把以前犯过事、逃亡在外的人召回来。那些亡命之徒本身就是一股不可小觑（qù）的力量，而且召回他们也显示了你反叛的决心。你借着他们的力量挟持众人，众人不敢不听。

于是沛县县令就派樊哙去找刘邦。刘邦因为放走服徭役的人，犯了死罪，正逃亡在外，而这个樊哙是刘邦的连襟，在当时还是屠狗之辈。刘邦带领人马浩浩荡荡地奔回沛县，欲建奇功。

事情的发展总是一波三折。在这种开弓没有回头箭的紧张时刻，沛县县令突然后悔，踩了一个急刹车。他怕这些人回来后自己控制不了局面，竟然关闭城门，不让刘邦等人进城了，而且还要杀掉萧、曹二人。萧、曹二人是什么人物，岂能让他轻易得手？他俩眼睛亮着呢。他俩翻越城墙跑到刘邦那里，换老板了。

刘邦一看情势有变，沛县县令出尔反尔，他咬牙切齿，恨不得生啖其肉。但刘邦与项羽最大的不同就是，刘邦很少感情用事。他总能在关键时刻用理智战胜情感。这要换成项羽，肯定怒不可遏，矜勇伐能，号令三军奋勇向前，踏平沛县。

刘邦可不这么傻。他采取怀柔手段，动用宣传攻势。那时没有报纸，没有因特网，怎么办？他在帛书上写出政治纲领，射入城中，大意是说：“各位父老乡亲，你们好！我是那个温文尔雅、人见人爱的刘季。常言说，远亲不如近邻。我们父一辈子一辈地相处甚欢，整日低头不见抬头见，我真的要和你们掏心窝子说点实话了。天下苦秦久矣，我们确实受不了了，所以现在共同反秦，天下大乱就是一个明证。你们想帮沛县县令守城，确保一方太平，这是不切实际的空想。覆巢之下安有完卵？如今诸侯并起，将要杀到沛县了，我们现在最明智的做法就是杀掉沛县县令，择贤者共立为主，以响应诸侯兵马。只有这样积极地行动，才能保全我们的家小。不然，坐以待毙，父子俱屠，这是无谓的牺牲呀。常言道，识时务者为俊杰。各位父老乡亲，你们一定要三思而行呀!”

这封信产生了积极的作用，沛县县令被城里的激进派给斩杀了。

百姓大开城门迎接刘邦，刘邦化险为夷。

第六章　失败者优柔寡断　真汉子快刀斩麻

一只有意志力的牛虻能战胜一头优柔寡断的牛。

沛县县令死得不值，但死得不冤。他不是被沛县父老杀的，而是“自杀”的，死于自己的优柔寡断。

沛县县令只是《史记》里一个微不足道的小人物，书中着墨甚少，但笔者为什么要详细描写他呢？因为他在这件事中的表现与项羽、韩信惊人地相似，而这些人的性格与刘邦有着强烈的反差。

沛县县令当时面临三种选择：一是弃官逃跑，二是支持官府，三是拥护义军。他必须做出选择。

我们在面临选择时常常患得患失，像女人找老公，想找个有才华的又嫌他长得丑，想找个长得帅的又嫌他挣钱少，想找个挣钱多的又嫌他不顾家，想找个顾家的又嫌他没出息，想找个有出息的又嫌他不浪漫，想找个会浪漫的又嫌他靠不住，想找个靠得住的又嫌他太窝囊。人经常处于这么一个矛盾中，但是，我们必须选择。

萧何、曹参、樊哙决定和旧政权决裂，跟定了刘邦，最后都为将为相、名垂青史了。如果沛县县令就像他最初决定起义那样，起义了，而且他足够有能力、足够命大、足够坚定，他可能就不会只留下一个“沛县县令”的名头。

那时农民起义风起云涌，稍微有一点战略眼光的人都知道，秦朝灭亡是早晚的事。作为一个县令，连这点眼光都没有，真令人怀疑他的个人能力。当然，他没看到也行，我们也都是旁观者清，那他就应该愚忠：我吃了秦朝的饭，我就为它献身，在其位谋其政，迅速报告朝廷，寻求兄弟县的支援，自己也积极想办法镇压“叛乱”，失败了，我顶多也就是个死，我不后悔，因为我选择了这条道路。他如果这么做，任何人都得竖起大拇指，称赞他是条好汉。尽管有人认为他逆天行事不值得，但这也不要紧，自己选择的嘛。

◎理想很丰满，现实很骨感

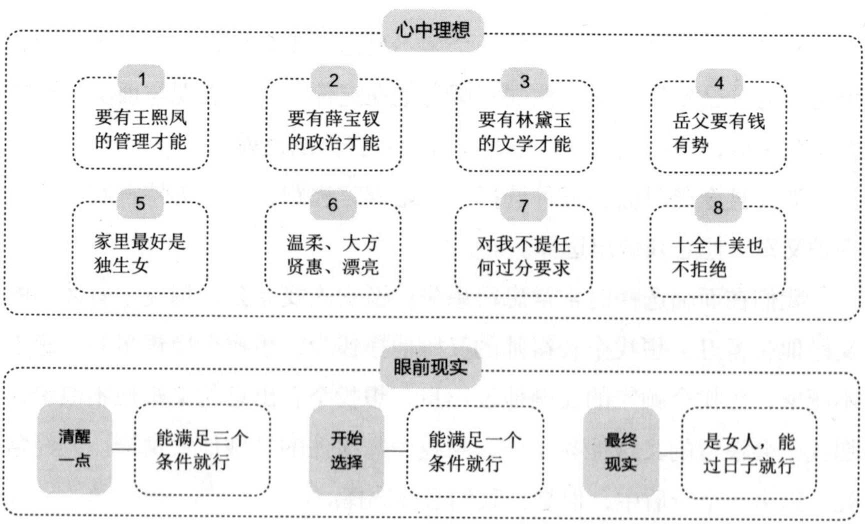

沛县县令既没有“人生自古谁无死，留取丹心照汗青”的文天祥式的铮铮钢骨，也没有“我自横刀向天笑，去留肝胆两昆仑”的谭嗣同式的杀身成仁，更没有“人生在世不称意，明朝散发弄扁舟”的李白式的挥洒自如。

他一开始想响应各路诸侯，好吧，那就大张旗鼓地干吧，可是命令已经发出去了，已经产生社会影响了，他又踩了一个急刹车，自食其言，以前说过的话都不算数了。他这么做事让人无所适从。一开始他想起义的时候，同有此心的人当然兴高采烈，而不想跟他做这种掉脑袋的事的人，可能心里怨恨他。他想，那就改过来，我现在又拥护秦朝了，以前不同意的人该高兴了吧？他错了，那些人认为他言而无信、左右摇摆，根本不会再买他的账了。而那些被他鼓动起来的人，却马上成了他的对立面。他们感受到了明显的威胁，不干掉他，自己就完了。沛县县令两方面不讨好，猪八戒照镜子——两面不是人。他的社会资源丧失殆尽，最后只能被人送上断头台，没有任何一方同情他。

作为一个团队首脑，若在原则问题上犹犹豫豫、朝令夕改，就如同那个失去“公信力”的沛县县令一样，后果相当严重。

第七章　秀才反三年不成　刘沛公九天揽月

沛县人杀了县令后，推举刘邦做沛县县令，按楚国的习惯，称刘邦为沛公。不知当时刘邦的真实想法怎样，史书上记载，他着实谦虚了一番，说什么天下方扰，诸侯并起，若所举非人，事业将一败涂地。我并不想辜负众人的好意，但我怕自己能力不行，不能完成大业。这件事含糊不得，希望你们推举更贤能的人担任沛公。

刘邦这么谦虚，真不像他的风格。

但作为领导者，并非自己贤能就行了。领导者要有极强的组织协调能力，能够整合团队资源，并最大限度地优化它。有人说，君王以“能听”为要，是说君王要能听进不同的意见。有人说，总结经验是领导者的重要任务。其实，这两条适合任何一个团队的战略制定者。只有多听正反不同的意见，善于总结各种经验（以自己的经验为突破点和出发点较好），才能制定出合乎规律、适合自己的策略，就是解决向何处去的方向问题。先解决了方向问题，然后才是怎么到达目标的问题。而由谁实施，则涉及用人问题。刘邦文不能安邦，武不能定国，但就是这种空白反而造就了一个能容纳各种偏才的通才。这个通才成了中国历史上的帝王。

刘邦的谦让使众人乱了一阵子。除他之外，当时比较有名望的要数萧何与曹参，但这二人属于文官，是知识分子。他俩担心，一旦事情失败，就会祸连三族（“三族”一般指父族、母族、妻族）。枪打出头鸟，算了，还是别冒这个险，搭便车吧。

读书人多数看不起刘邦，同情并且赞扬项羽，想不通项羽那样一个有个人魅力、有社会资源的英雄怎么就输给刘邦那样一个吊儿郎当、白手起家的无赖了呢?

一般来说，有两种人容易在较短时间内做出事来：一是豪强，有充足的实力，最主要的是输得起，所以敢做事，项羽就属于这类；二是无赖，不受道德这个紧箍咒束缚，可以为达目的不择手段，逼急了什么事都能干得出来，刘邦似乎属于这类。

人在江湖，身不由己，一旦卷入，很难全身而退。刘邦的事业就是靠武装斗争完成的，历史把他推到了风口浪尖，让他成为一个团队的领袖。刘邦毫无社会根基。可以说，他一无所有。我们无法要求他非礼勿视、非礼勿听、做事循规蹈矩、做个谦谦君子。对于白手起家者来说，资本的原始积累是相当困难的，这种困难不是富家子弟所能理解的。当然，刘邦日后铲除异己的封建政治家的辛辣手段不值得提倡。

我们都是平民百姓，用不着管这些，只知道战略决策者要做到“刘邦式”的总结经验、确定方向、找到方法、知人善任、敢于拍板就足够了。

各方讨论的结果都认为，只有刘邦才能平衡各种势力。刘邦是个奇人，又加上占卜以后，卦象大吉，大家认为非刘邦不可。刘邦“数次推让”，大家“坚持不许”，于是立刘邦为“沛公”。

在此强调一下，刘邦的称呼比较多，刚开始叫刘季，后来当了“亭长”，现在叫“沛公”，在分封诸侯时被封为“汉王”，后称帝，死后谥号“高皇帝”。

就这样，刘邦起义了。他们先开誓师大会，祭拜黄帝和被黄帝擒杀的那个蚩尤（蚩，chī。据说蚩尤是战神），用牲口的血涂抹战鼓，旗帜为红旗。为什么是红色？刘邦是赤帝子嘛！赤帝子斩白帝子，预示着他们推翻秦朝的必然性。

刘邦正式登上了中国历史的舞台。

我们从刘邦与项羽分兵，就是项羽北上巨鹿，而刘邦向西进攻咸阳的时候开始说。

那时，项羽的叔父项梁已被秦将章邯杀死，农民起义处于低潮时期。章邯追亡逐北，各路诸侯狼狈不堪。最严重的就是赵王歇被围于巨鹿，朝不保夕。他多次向楚国“邮寄快件”，希望楚国看在往日情分上，“拉兄弟一把”。

第八章　为击秦分兵两路　不战而屈人之兵

那时，楚怀王集团围绕今后的战略方向问题召开了一次紧急会议，后来商定，要想给秦朝以致命打击，必须让其后院起火，最好的办法就是进军咸阳。但是，赵国这边不能见死不救，大家都是抗秦统一战线的成员，任何一方有损失都是要不得的，唇亡则齿寒，必须救。这样就决定兵分两路，于咸阳会师。

但是，在派谁进军咸阳的问题上有了争议。楚王和众将约定，谁先入咸阳，谁就称王。但那时是秦军势头正盛的时候，那些聪明人都盘算起了小九九，都不想牵这个头，只有刘邦面无惧色。于是，楚王就命令刘邦做“西路军总指挥”，向西进军咸阳。

而怎么安排项羽，是个头痛的问题。按照项羽的本意，他是要和刘邦一同向西的，因为他的叔父项梁被秦将所杀令他悲愤填膺（yīng）。他有时想法极其单纯可爱，就想报仇雪恨。但各位将军都向楚王进言，说不能派项羽去。为什么？因为项羽勇猛凶残。有一次攻打襄城，城破之日，项羽血腥屠戮，坑杀无辜。以前陈胜、项梁失败，都表明依靠“单纯军事路线”必败无疑。只靠武力是没有用的，不如派遣忠厚之人，以仁义为助，告谕父老乡亲，我们是仁义之师，这样的话，百姓苦秦久矣，并不十分拥护秦王朝，军事与宣传双管齐下，应该能够成功。他们认为诸将中只有刘邦是宽厚的长者，能担当此任。

谁说历史上的东西过时了？古人与今人的战略思维惊人地相似。楚怀王的决策是相当英明的，他最后决定派项羽向北救赵国，分给“卿子冠军”宋义那个军事小组。楚怀王不让项羽当上将军可能有这样一层考虑——项羽根本不适合当统帅。可惜的是，宋义根本不是项羽的对手。项羽杀害了宋义，夺取了兵权，并取得了巨鹿之战的胜利。然后，他挥军向西，进入咸阳。

项羽在咸阳果然又杀人放火了。

从当时众人对项羽的评价就知道人心所向。宁做太平犬，勿做乱世人。我们从小百姓向往天下太平的愿景出发，就知人们是认可刘邦还是喜欢项羽。怎么能因为“霸王别姬”的缠绵悱恻就为项羽轻抛泪水呢？能否演绎凄美的爱情故事不能作为对一个身系天下苍生人物的价值认可标准。

刘邦旌麾西指，向咸阳开进。

在路过高阳（今河南杞县附近）时，发生了一件值得玩味的事情，源于一个叫郦食其（yì jī。有一个叫审食其的，是吕后身边的红人，“食其”也如此发音）的人的投靠。

领导者以“善听”为要，从谏如流如刘邦，则功成，而刚愎自用如项羽，则事败。郦食其是楚汉战争时的风云人物、著名辩士。他自称高阳酒徒，不是儒生（他的弟弟郦商也被他带入刘邦的队伍，后来成为开国名

◎**刘邦先生的简要大事年表**

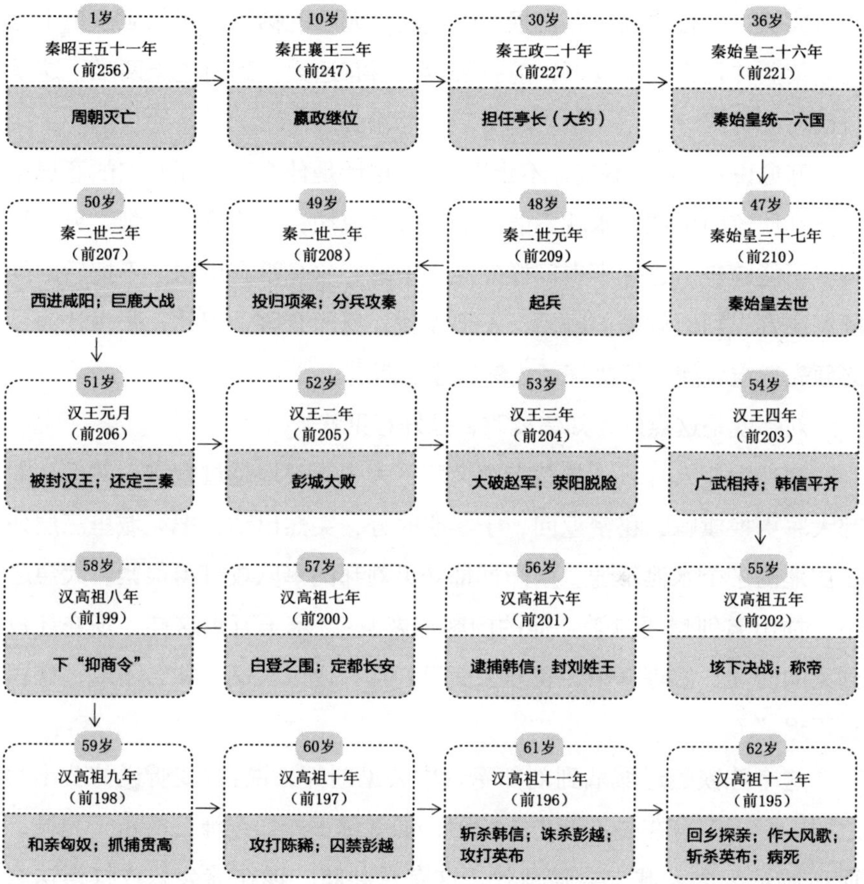

臣）。郦食其的第一条建议就是攻占陈留县（今河南开封东南）。陈留县是秦朝的经济重镇、交通要道。郦食其的建议含金量很高。

在西进途中，还有一件事值得一提。刘邦率军攻打南阳郡，南阳郡的郡守退保宛城（今河南南阳附近），想凭险固守。刘邦急切之间难以攻下，就准备舍弃宛城，继续西进，但张良不同意。张良说：“我知道你着急进军，但现在秦军力量不容小觑。他们依据天险固守，我们强攻不一定成功，而且杀敌一万自损三千，这是无谓的牺牲，我们应该想个万全之策。并且宛城不攻下，前有天险，后有追兵，到时进退两难，这是自取灭亡呀！"

韩愈说："不塞不流，不止不行。"这话是什么意思呢？它的意思是不把其他流向堵住，水就不能向一个方向流动；不停住一只脚，另一只脚就不能跨步。这件事也同样如此，单靠心急是没有用的。不把后方问题解决好，到时候瞻前顾后，不但无益，反而有害。因此，张良认为，必须先把宛城问题解决好了，然后才能西进。

刘邦就是这点好，知错就改，是好意见就听。

刘邦为掩人耳目，故意带领大军，大张旗鼓地越过宛城。然后，刘邦大军更换旗帜，秘密返回，于黎明时分，突然出动，把宛城里三层外三层地围了个水泄不通。南阳郡郡守见刘邦的军队攻打得很紧，大急之下，抽出宝剑想要自杀。他的门客陈恢说："您千万别这样，现在还没到死的时候。您等一下，我要去面见刘邦，说以大义，如若不成，您再死不迟。"

这个陈恢翻过城墙到刘邦军营中去见刘邦，说："我听说沛公出兵之时，楚王有言在先：谁先入咸阳，谁就称王。如今沛公滞留于宛城，而宛城是一个大城，兵强马壮，这有目共睹。现在沛公您攻打得这么急，军民人等认为战也死、降也死，那还是拼死一战，坚守城防。您若坚持进攻，则必然玉石俱焚。您若弃而向西，宛城人怕您一旦得志后又杀个回马枪，他们必然紧随你军死缠烂打，这样您既不能早入咸阳，又不能速战速决，属于自树强敌，得不偿失。如果沛公您能听我的话，招降宛城军民，封赏郡守，安抚百姓，然后您率领宛城士卒一同进军，这些人就会成为您的‘活广告’，四处散布沛公的恩德，前方城守必然心无战意，焚香洒道以迎大军，如此则兵不血刃，不战而屈人之兵。只要沛公转变一下思维，我敢保证您有四利：免除后患、前程无忧、增强实力、布仁义于四方。请君裁之。”刘邦一听，大喜过望，当场拍板，封太守为殷侯，封陈恢千户。

刘邦解决好宛城问题后，引兵而西，果然一路招降纳叛，如同探囊取物。

第九章　出奇顺一路向西　入咸阳约法三章

离咸阳越来越近了。刘邦双管齐下，一边保持军事威慑，一边派人进入咸阳策反。“胡萝卜加大棒”政策是古今中外通用的。

这时，赵高心急如焚。他一直欺骗二世说天下太平，如今刘邦大军近在咫尺，他知道纸里包不住火了。他担心二世责怪，就铤而走险，趁火打劫，捞取好处，派心腹与刘邦的谈判代表接触，开出的条件是与刘邦二一添作五，平分关中。

刘邦根本不相信赵高这个无信无义的小人。他听从张良的话，派郦食其去策反秦军高层，以利诱之。在谈判的同时，他也从没有停止过军事行动，战事节节胜利。他又广设旌旗，以为疑兵之计。最主要的是，他严肃军纪，“不拿群众一针一线”。

秦人喜不自胜，秦军军心懈怠。刘邦大军直逼咸阳城下。

这时，阴谋家赵高在杀死秦二世后，自己也被子婴杀死。子婴现在是地道的光杆司令，无人可使，无兵可用。万般无奈之下，子婴投降了刘邦。子婴投降时系颈以组。“组”指丝绦。这是古代君主向人表示自己服罪请罪的样子，意思是我服了，要杀要剐随你。其他将领的意思是杀掉子婴，但刘邦坚决不同意。刘邦说，楚怀王能派我来，就是因为他知道我宽仁大度。而且人家已投降了，杀降不祥。逆天而行要遭天谴，让主管人员看好子婴就行了。不杀子婴是刘邦的宽宏之处。

刘邦威风凛凛地开进咸阳。说实话，刘邦并没有传说中的那么神奇，他又犯了老毛病。众所周知，他喜爱杯中之物，见到女人也挪不动腿。他想晚上睡在秦宫里，跟里面的女人交流一下感情，但遭到樊哙与张良的坚决反对。真佩服刘邦，不管他本性如何，但在关键时刻，他就是能够克制住自己。他心里肯定老大不高兴，但在关键时刻能够克制住自己，他就是英雄好汉。

于是刘邦封好存放奇珍异宝的府库，还军霸上。他召集咸阳各界名流、社会代表，宣传自己的政治主张。他说，父老乡亲被秦朝的严刑峻法搞得痛不欲生，提点意见就被灭三族，交头接耳也要被处以极刑（这有夸张成分）。如今我要先声明一件事，在出发前，各路诸侯“签订合同”，说谁先入咸阳，谁就称王，而且在楚怀王的监督下进行了“公证备案”，具有“法律效力”。我应该称王，但如今我只约法三章（成语来源）：杀人者死，伤人及盗抵罪。其他的秦法（秦法当时被废，但刘邦建立政权后，大部分恢复了，只是做了调整）全部无效。杀人偿命欠债还钱天经地义。故意杀人得判死刑，伤人和偷盗按情节的严重程度判罪。各级官吏安堵如故（成语来源），各就各位，一切如常。父老乡亲们，你们要知道我此次进兵，完全是替天行道，不会侵扰百姓的。你们什么都不用担心。我为了表达诚意，将退军城外，待诸侯兵到，再重新制定细则。

刘邦派人广而告之。

秦人大喜。

可惜啊，等到项羽一来，一切都成为泡影。项羽用屠刀教育了秦朝百姓。

秦人担酒牵羊去慰问刘邦士卒，但刘邦坚辞不受，说我现在兵精粮足，你们的日子也不好过，不要破费。

秦人益喜，唯恐沛公不在关中称王。

张之象说，先言“秦人喜”，后言“秦人大喜”，又言“秦人益喜”，连用“喜”字，斯可以观人心矣。真是得民心者得天下。

现在有个提法“群众的利益无小事”，善哉斯言！以人为本是长治久安的根本。

第十章　分封毕战端又起　汉王为义帝发丧

接下来发生的事情在《史记·项羽本纪》中有详细的记载。刘邦称王关中的想法已经成为镜花水月，他被封在了巴山蜀水凄凉地，成了“汉王”。

有个词语“生离死别”。是什么造成了“生离”同“死别”一样让人肝肠寸断呢？是交通和通信条件。那时候没有高铁，没有微信，交通不发达，通信困难，这次分开，不知今生还有没有机会再见了。

刘邦如今正处在背井离乡、前途渺茫的境地。秦汉之际，四川虽然拥有号称“天府之国”的成都平原，但相对来说，还是很贫瘠、封闭的，百姓大多是被强迫迁移进来的。刘邦也成了“移民”中的一员。刘邦在“鸿门宴”之前有兵十万，现在项羽却只分给了他三万。好在仍有数万“追星族”舍弃其他诸侯而追随刘邦。

在进入汉中郡之后，刘邦听从张良的建议，烧毁了栈道。这栈道是在山间架木而成的通道。刘邦烧毁栈道既防备了诸侯士卒的尾随偷袭，也麻痹了项羽，表示自己无意东归，要死心塌地当“汉王”了。

刘邦率军抵达南郑（今陕西汉中）时，士卒因想家心切，很多人逃跑了。有人还把思乡之情谱成流行歌曲，广为传唱，这更是火上浇油。刘邦束手无策。

如果军心涣散，后果将不堪设想。韩信劝刘邦道，项羽任人唯亲，大封亲己之士，而您却形同流放。下面的士卒军吏都背井离乡，日夜跂（qǐ，踮起脚跟）而望归。如果用其锋芒，号召“打回老家去”，一鼓作气，咱们可以成就大功。若等到天下已定，人皆自宁，人心就不可再用了。您不如趁机东向，争权天下。

刘邦那时还十分弱小，没有击败项羽的把握。但项羽赏罚不公并故意打压他，又让他实在咽不下这口恶气。隐忍苟活未必有好果子吃，不如来一场豪赌，于是刘邦毅然兴兵，东向与项羽争霸。

那时候的项羽也没什么舒心的日子过。他这个“老大哥”表面上威风凛凛，诸侯对他唯唯诺诺，但实际上呢？像刘邦一样对他不满的大有人在。陈馀和田荣的反抗，让项羽大感头痛。

刘邦浑水摸鱼，趁机扩大地盘，把函谷关以西的关中地区收归己有。为了扩大影响力和知名度，刘邦经常出巡关外，安抚关外父老。在这期间，他接纳了被陈馀打败来投靠自己的未来亲家张耳。

在一次出击中，刘邦遇到一个叫董公的有识之士。董公告诉刘邦，义帝被项羽杀害了，并进一步劝说刘邦，顺德者昌，逆德者亡，兵出无名，事故不成，因此，明其为贼，敌乃可服。董公的意思是，我们要指明对手的错处，并且使自己的口号合于道义。项羽残暴无道，杀害天下的共主义帝，可谓天下之贼，他站到少数派立场上了。仁不以勇，义不以力。仁义不是靠勇力宣扬的，我们当务之急不是和项羽斗力，而是布大义于四方，让三军将士为义帝服丧，并告之诸侯。这样再东进的话，四海之内莫不仰德，如此则大事可成。

刘邦有如下优点别人无法企及：善于纳谏，果于行动。他听后大喜，重赏董公。

刘邦“袒而大哭”，即袒露左臂大哭。这是古时对尊者、长者的哭丧之礼。他想激怒天下，唤起民众对项羽的愤慨之情。说实话，刘邦此举不一定出于真心，保不齐别有肚肠。他就像一个伟大的悲剧演员，赚取了全剧场的眼泪。

刘邦带领众军士哭了三天，为义帝发丧。然后，他布告各路诸侯：义帝的天下共主地位是各位都认可的，他是君我们是臣的关系毫无争议，而尊亲重君是我们的普遍“价值观”。义帝毫无过失，却被暴虐如项羽者无辜杀害。弑君犯上，大逆不道，天人共戮。我在悲伤之余亲自为义帝发丧，全军缟素，愿从诸侯王击楚之杀义帝者。

这最后一句话说得水平相当高。他不说“率诸侯王”，而说“从诸侯王”，体现了高超的语言技巧。“率”有颐指气使、高高在上的意味。那时刘邦算哪瓣儿蒜？一开口就用命令的语气，别人会特别反感，心想我凭什么听你的？如果那样说话，刘邦就会在无形中让自己的号召力打了折扣。“从”表示跟从、跟随，还有顺从之意，显得特别低调。那位为刘邦起草文告的“笔杆子”是个高手。还有，刘邦不说“击项羽”，而说“击楚之杀义帝者”，这也精妙绝伦。单说“击项羽”，好像刘邦出于个人的私愤，是因项羽和他不和，他才打击报复项羽的，而使用“击楚之杀义帝者”，就显得词不迫切而意已独至，词锋也犀利，让项羽成为众矢之的。刘邦表达出了这层意思：这不是我刘邦个人的行为，而是大家共同的事。刘邦这样措辞，还容易引发众人的联想——项羽只杀了义帝吗？他还有没有其他罪行？

宣传手段很重要，语言能力很关键。一个具有策略性的口号抵得上一支装备精良的部队。

据说，刘邦的“愿从诸侯王击楚之杀义帝者”被评为“年度最佳广告语”。刘邦因此名声大噪。

第十一章　靠自身屡败屡战　搞统战群策群力

彭城之败后，刘邦为了逃命，不惜抛女弃子。荥阳大战时，环境相当恶劣，最后心腹大将纪信做了替身，刘邦才金蝉脱壳，逃到成皋，而守将全部阵亡。在成皋大战期间，刘邦与项羽双方展开了艰苦的拉锯战。表面上项羽占尽上风，实际上他的实力损耗相当大，缺兵少粮。项羽后院还起火了，按下葫芦起来瓢。项羽被搞得手忙脚乱。

项羽在打击彭越在后方的骚扰时，派曹咎与刘邦对峙。项羽千叮咛万嘱咐，让曹咎千万不要轻易与汉军厮杀，汉军肯定会挑战，但要小心谨慎，勿与之战，只要不让刘邦夺取城池就行，十五日后，他就能回来了。可这个曹咎也是一个容易暴躁、做事不计后果的人，与项羽真是难兄难弟。汉军挑战了五六日，曹咎大怒，按捺不住就冲了出去，结果中了刘邦的埋伏，被逼自杀。那个和章邯一起投靠项氏集团的长史欣也同样遇难了。

项羽只亲近、任用这种人怎么得了。若是交知心朋友，找和自己性情、志趣相投的，没有什么错。但对于一个团队来说，强调清一色必败无疑。听不到不同声音、相反意见，决策很难做得正确，因为不够全面。再加上在能力上不能形成优势互补，你会的他也会，你不行的他也跛脚，这怎么行呢？一条三只腿的板凳，不可能稳当。一个能有大作为的团队必须兼收并蓄，有各种不同的人才。在实现团队目标时要“八仙过海，各显神通”，要让每个人都发挥优势。项羽喜欢结交与自己性情、志趣相投的人，这并没有错，但这是交朋友的标准，不是组建团队的标准。只有团队成员各有千秋、各有各的优点，才有互相学习的地方和共同进步的可能。

项羽任用的基本上都是勇将，而不是智将。范增算有智谋的，还被项羽气死了。和刘邦一比，项羽简直就是个穷光蛋。刘邦有张良进行战略整体布局，有萧何治理关中以保证粮草和兵源供应，有韩信用军事行动实现他的战略构想，有陈平帮他进行间谍和策反工作，其他文官武将都各有所长。他们由刘邦整合在一起，成了一个无坚不摧的团体。

项羽用自己不十分灵光的头脑和刘邦这个集中了当时最优秀人才的“智库”抗衡，真是以卵击石。

项羽给人的印象一直是讲究正大光明，有一种“君子”的假象。那是没逼急他，他要是急了，也会用“阴着儿”。刘邦表面上不堪一击，可智力资本雄厚，击而不倒，刚性和韧性结合得恰到好处，项羽就是奈何不了他。

刘邦在彭城之败时，他的老爹和老婆都被项羽俘虏了。项羽煮了一锅油水，把刘太公架在上面，对刘邦说，你投不投降？你不投降，我就把你爹煮了。刘邦嬉皮笑脸地说，当时在楚王手下时，我们拜了把子，成为兄弟，我爹就是你爹，你若真煮了“你”爹，行行好，分我一杯羹，我也尝尝鲜。这话把项羽气得手脚冰凉，心想我怎么和这么一个无情无义的人做了对手。

那个项伯又开始替刘邦着想了。他说，天下事未可知，且为天下者不顾家，杀之无益，只增添祸患罢了。

项羽一看这个架势，杀了刘太公也于事无补，根本就不能要挟住刘邦，而且照刘邦那么说，现在刘太公也成自己的爹了，若真杀了，还落下个不仁不义的名，算了吧，不杀了，保不齐到关键时刻还有点用。

项羽一计不成，又生一计，派人去劝说韩信自立为王，与自己和刘邦三分天下。可韩信在政治上和项羽一样优柔寡断。那时，韩信形成另外一股势力是不争的事实，可他根本不具备政治家的素质。韩信只适合给人打工。他当一个三军统帅绰绰有余，但当领袖，基本不可能。他有战略头脑、是军事奇才不假，但他缺少“人和”的力量。用他自己的话说，韩信将兵，多多益善。但韩信不善于带将，更不会搞政治。韩信拒绝了项羽的建议。

项羽是病急乱投医。即使韩信独立了，项羽也未必是刘邦的对手，他和韩信还有可能被刘邦各个击破。

这只是根据韩信的生平性格做的推断。关于韩信的这段历史，在本册之《韩信列传》中有详细的介绍。

第十二章　发檄文列十宗罪　当皇帝三辞九让

项羽现在打不过刘邦，做间谍工作也不成功，就想出了那个天真烂漫的主意——与刘邦决斗。可刘邦只斗智不斗力，根本就不进项羽的圈套。还不能这么说，可能刘邦根本就没认为这个激将法是圈套，他可能认为这只是一个稚气未脱的孩子的赌气话罢了。

说这话时，双方在广武，隔涧而对峙。他俩这次见面，是“鸿门宴”以后二人最亲密的一次接触。刘邦在军阵中怕项羽怕得要命，可以说，刘邦每次都望风而逃。但现在隔着广武涧，他不怕了，就当面数落了项羽一番，一共列出项羽的十大罪状：我们刚开始已约定好了，谁先入咸阳，谁就称王，结果你背信弃义，封我为汉王，罪一；你矫命杀死“卿子冠军”宋义而夺取军权，手段卑鄙下流，罪二；你在巨鹿之战胜利后，救了赵国，应该上报楚王，原地待命，而你却擅自带领诸侯向西进军，犯了自由主义错误，罪三；楚王明令禁止，不得掠夺百姓，而你却杀人放火，财物中饱私囊，罪四；秦王子婴已经归降，而你却仍然不肯放过他，你残害无辜，罪五；你坑杀秦军二十万人，先诱降，再杀害，手段极其恶劣，人品极其下流，枉为七尺男儿，罪六；你赏罚不明、任人唯亲，致使诸侯不服、天下大乱，罪七；你把义帝的封地划归己有，对其他诸侯封地也巧取豪夺，罪八；你最令人发指的是杀了义帝，罪九；最后一条是对你的总宣判，你为人臣而弑其主，杀降卒，为政不平，赏罚不明，你为天下所不容，大逆不道，罪十。我随同诸侯兴义军杀你这十恶不赦的罪人，易如反掌，你何苦和我挑战？

刘邦骂得可够狠的。项羽气得七窍生烟，命令万弩齐发。刘邦胸部中了一箭，可为了稳定军心，他却大呼："小贼射中了我的脚趾！"

变起仓促，却能镇静自若如此，刘邦是个人物。

接下来的艰苦岁月，刘邦咬牙挺住、艰难度过了。他垓下一役击溃项羽，又平叛了其他势力，四海一统了。

诸侯将相要拥立刘邦为皇帝，他"必须"谦虚一下。刘邦说："我听说皇帝之号，必须贤者方能享之，徒有虚名的人不配享有这个尊号，我不敢坐这个位置。"众人"必须"不依，再劝："您起于微细，除霸安良，九死一生，平定四海，与天下同利，您如果不称帝，我们自觉无功受禄，心里过意不去，所以我们坚持自己的意见（以死守之）。"刘邦三让（这是中国文化的特点），"迫"不得已，才说："既然你们都认为这样合适，那我就从国家大局出发，答应你们的请求吧。唉，谁爱受这个罪。不过，话又说回来了，我不入地狱，谁入地狱？"

刘邦称帝，定都洛阳，封老婆吕雉为皇后，儿子刘盈为太子。其他诸侯随从各有封赏。

那时，项羽的旧部在各地还有零星的反抗。

第十三章　高祖评初汉三杰　领导力全在用人

有一次，刘邦与群臣在宫廷酒会上推杯换盏。

刘邦是一喝完酒就有心里话要说。酒过三巡，菜过五味，刘邦问文武百官："我为什么能拥有天下而项羽却失去天下？你们不要骗我，要实话实说。"

当时，宴饮气氛十分融洽，而且刘邦也没有什么架子。王陵举手发言。他说："陛下慢而侮人，项羽仁而爱人。然陛下使人攻城略地，有功劳者说赏就赏，言而有信，与天下同利，不像项羽，妒贤嫉能，谁有功就嫉恨谁，谁贤能就排斥谁，而且赏罚不公，让亲近自己的人得到非分之赏，而对真正该赏的又口惠而实不至，这就是陛下富有四海而项羽得而复失的原因。"

刘邦不完全同意，说："公知其一，未知其二（你说得不全面）。夫运筹策帷帐之中，决胜于千里之外，吾不如子房；镇国家，抚百姓，给馈饷，不绝粮道，吾不如萧何；连百万之军，战必胜，攻必取，吾不如韩信，此三者，皆人杰（“初汉三杰”是楚汉战争时期最耀眼的政治明星，在本册之《项羽本纪》与《高祖本纪》中，这些人物的形象不够丰满，这是笔者有意而为的，因为司马迁也这样记载。他采用“互见法”，把能体现人物性格特点的主要事件放在各自的传记中，而在其他传记中一笔带过）也，吾能用之，此吾所以取天下也。项羽有一范增而不能用，此其所以为我擒也。”

刘邦仅凭这席话，就可以名垂千古！战略制定者并不一定非得本身聪明绝顶，他是以“能听”为能，用别人的长处来弥补自己的不足，以无味调和五味，形成团队，通过首领的协调作用，使团队攥紧拳头，内部形成向心力，向外形成合力，劲儿往一处使。若是一盘散沙，向外使劲儿时各种方向都有，那就必败无疑了。

笔者在前面说过，项羽以一人之力与刘邦以张良、萧何、韩信、陈平为主组成的汉军集团“智库”相抗衡，不败才怪。单丝不成线，独木难成林。一个人的思维局限性极大，就算项羽聪慧绝伦，也仅能靠他自己。俗话说，双拳难敌四手，好汉架不住人多。而刘邦则集中了当时最优秀的大脑，项羽怎是对手呢？

许多人就纳闷了：这三个人这么厉害，怎么就都听刘邦的呢？刘邦文不能安邦，武不能定国呀。

单看表面，刘邦似乎无一技之长，但他有过人的胆魄和超强的组织才能，这就不是张、萧、韩所能匹敌的了。

咱们再接一下前面的话头。保刘邦的张良、萧何、曹参、陈平、郦食其这几个高级知识分子，只能当帝王师，当不了帝王，因为做大事并不与知识水平成正比。做大事需要能担当，需要有过人的眼光，尤其需要组织才能，而这些不是单靠读书就能行的。

比如萧何、曹参等，起义时就想着如果不成功怎么办，那是要祸连三族的。他们顾虑多，比较看重身家性命，再自以为水平高一些，不肯纳言，知道的再多些，千头万绪，总想等有十足的把握再行动，世界上哪有把握十足的事？等到认为把握十足了，再一看，时机不在了。

比如韩信，不会搞政治，他若当帝王，未必能让张良、萧何等人倾心辅佐。军事与政治密不可分，但二者不能等同，这就好比有的人可以当“打工皇帝”，但若自立门户，他就是干不起来。

刘邦就不同了，他肯纳谏，善选择，会用人，不蛮干，在关键时刻能挺身而出。

刘邦具有超凡的领导力。历史选择了刘邦，非他莫属。

第十四章　两利相权取其重　两害相权取其轻

汉朝在建立之初，并非歌舞升平。许多受封的诸侯都暗藏杀机。刘邦以谋反的罪名杀害了不少人。他们之中有真造反的，也有是在刘邦的步步引诱下，被逼急进入他的伏击圈的。有的是以“莫须有”罪名被杀的，如韩信和彭越；有的是兔死狐悲，担心被刘邦暗算，公然反抗被杀的，如英布。

功臣要想保全自己，唯一能做的就是急流勇退。但人一旦权势在手，总是贪恋不已。对于权势，抓还抓不过来，怎么能主动放手呢?

那个靠发动“陈桥兵变”而黄袍加身的宋太祖赵匡胤说出了开国君主的心里话。他对高怀德、石守信这些功臣说：“我最近吃不好、睡不好，心里烦躁不安。医生说血糖血脂并没有升高。”那些人就问了：“陛下如今登基坐殿，大富大贵，心里还有什么放不下的呢？”宋太祖说：“我心里一直挂怀一件事，如果有一天你们的部下给你们黄袍加身，你们怎么办？即使你们不同意，但部下想要取得荣华富贵，那如何是好?

你们也会不得已而为之。”

这话的分量可太重了！那些人恳求宋太祖给指条明路。宋太祖就勉为其难地给他们想了一个好主意，说人生在世如同白驹过隙，倏忽而没。争权夺利多累呀！我要是你们，就及早退休，衣锦还乡，修建深宅大院，吃香的、喝辣的，优哉游哉，多好呀！众人大悟，集体辞职，理由都是年老体衰、精神不济、退位以让贤者之类的。宋太祖大喜，重赏“离退休”人员——黄金白银任你取，只要你交出权力，我们就是好哥们儿，有一天我还会去你那里串门呢！

当然，实际情况未必如此简单。宋太祖应该早就开始谋划了，并进行了一系列部署。

刘邦在开国之后的种种集权行为，也有不得已而为之的原因。

开国君主基本都是乱世英豪，目睹了天下大乱时的人心叵测，加上那时都持“家天下”的观念，江山社稷是个人的私产，开国君主在开国之初，必须为后代扫清障碍。宋太祖说过一句相当经典的话：“卧榻之侧，岂容他人鼾睡？”在国家权力上，没有讨价还价的余地，任何妥协都是不可能的。而且开国君主都担心继承者控制不住那些功臣元勋，深知那些人不敢拿自己怎么样，但对于“二世祖”，可就不好说了。那些经历过出生入死战斗的功臣们，要么骁勇善战，要么老谋深算，生存斗争的经验相当丰富，都有自己的班底、自己的派系和社会影响力，而这些对君权是极大的威胁，开国君主必须在有生之年迅速解决这一问题。一个有过惨痛人生经历的人，在进行战略布局时往往看得更远。

刘邦采取预防措施巩固权力的努力是可以理解的。笔者根据不十分周密的调查发现，在中国历史上，改朝换代以后，开国君主总要进行一定的政策调整，以避免走前朝失败的老路。比如，西周的时候实行分封制，以都城为中心，把各位王族功臣分封到各地统治人民，形成“众星拱月”之势。周天子只对各诸侯国要求政治上的一体化、道义上的效忠和赋税上的贡献，各诸侯国自治权力相当大。后来发现，只有在周天子英明果断时，才能对各诸侯国进行有效的控制，二者的权力形成一对矛盾，处于此消彼长的状态。到后来，周天子成了摆设，各诸侯国实力大增，先后出现了“春秋五霸”“战国七雄”，长年战乱。秦始皇统一六国后，就想根除这个弊端。他取消分封制，改成郡县制，郡下设县，县下设乡，乡下设里，形成中央的绝对集权。

刘邦登基后，他认为秦始皇失败的原因在于没有分封自己的直系亲属，皇族实力薄弱，一旦中央有事，他们便心有余而力不足，只能坐以待毙。刘邦认为分封制好，像西周初年，朝廷有事，各路诸侯出兵出粮，这些人都与周王有血缘关系，是会动真情的。刘邦也承认秦始皇的郡县制好，能够把朝廷的权力一竿子捅到底，皇帝的意志能得到充分的体现，于是刘邦选择了一个折中的办法，郡县制与分封制并行，但分封的诸侯王只能是刘姓的。为了这事，他还杀了一匹白马盟誓。

但是，刘邦的这一制度在具体实施过程中难度相当大。各路诸侯在自己的国家中权力相当大，有的甚至可以自己铸造钱币。而人对权力总是甘之如饴、不知餍足的，诸侯国总是千方百计地扩充自己的实力，并蒙骗朝廷。

后来，汉景帝想加强中央集权，接受晁错的建议，削减诸侯权力，引起了诸侯的联合反对。诸侯打出“诛晁错，清君侧”的旗号，发动“七王之乱”，经过血与火的洗礼，“七王之乱”才被镇压下去。

刘邦一厢情愿的“分封刘姓王，保持一定实力以备不时之需”的想法基本破灭了，这些诸侯反倒成了动乱之源。

◎汉高祖六年有一系列影响深远的政治举措

序号	重要事件	解析	备注
1	抓捕韩信	刘邦采纳陈平计，伪游云梦，抓捕韩信	韩信由楚王被降为淮阴侯
2	大封功臣	十二月，封 10 个侯，正月，封 19 个侯，年内又封 37 个侯	功臣派成为与外戚派和诸侯王势力三足鼎立的“一足”
3	封同姓王	封刘贾为荆王，以淮东之东阳、鄣、吴三郡五十三县置	楚王韩信的封地被一分为二，由刘贾和刘交持有
		封刘邦小弟刘交为楚王，王薛郡、东海、彭城	
		封刘邦二哥刘仲为代王，王云中、雁门、代郡	
		封刘邦庶长子刘肥为齐王，王齐地七十余城，刘肥成为最大诸侯王	
4	改封韩王信	移韩王信封地于太原以北，治马邑	秋，匈奴围马邑，韩王信降。匈奴攻太原，至晋阳（今山西太原西南）
5	与冒顿冲突	此时匈奴势力大涨，有骑兵三十余万	第二年，发生“白登之围”
6	张苍为计相	计相是秦汉时主管上计、计籍之官，隶属丞相府，主管各县人口、垦田、钱谷、盗贼多少，类似于现在的“审计局局长”或“统计局局长”	张苍在汉文帝四年（前176）代灌婴为相。他精通天文、算学，删补了《杜忠算术》，一说此书为《九章算术》
7	叔孙通任奉常，制朝仪	叔孙通制朝仪并组织群众演员排练完毕。第二年（汉高祖七年），长乐宫落成，行朝仪，无人敢失礼。高祖乃知皇帝之贵	秦作“奉常”，汉景帝中元六年（前 144）改名“太常”。主管宗庙礼仪，兼管文化教育

主父偃认为，各诸侯能够叛乱的原因是本身太强大了，只有让他们缩小直接辖区，才能解决这一问题，汉武帝于是颁布“推恩令”，规定

诸侯王死后，除由嫡长子继承王位外，其他诸子都可在王国范围内分到封地，成为列侯，最后各诸侯的辖区都跟普通郡县差不多，再也没有实力对抗朝廷了。

任何政策的调整，都有利有弊。比如，唐朝为了边境的安全，设置节度使，想法是好的，可最后尾大不掉，从“安史之乱”到五代十国，军阀混战，唐王朝名存实亡。又如，宋朝结束了五代十国的长期分裂局面，吸取了“藩镇割据”的惨痛教训，但是矫枉过正，在军队中频繁进行人事调动，重用文官，造成了“兵不识将，将不识兵”的后果。这些将领确实不能造反了，但是指挥力度也弱了，后来宋朝对外战争经常打败仗，与这种战斗力的“积贫积弱”有直接关系。再如，魏晋时代形成了强烈的“门阀”观念，只重出身不重人，统治阶级内部壁垒分明，形成了士族、庶族两大系统，实行九品中正制，由中正官推举选拔人才，这就决定了中正官个人的道德品质相当关键，一旦所用非人，就起不到“中正”的作用。还如，隋唐实行科举制度，开始时确实很好，给了平民一个相对公正的平台，但这种制度发展到明清之际，就变态了，极端束缚人的个性。

说这些是什么意思呢？一是说人的思维都有局限性，不可能十全十美，这就要求我们不能在自己也做不好的情况下只知对人求全责备，要多一分宽容。二是说刘邦在建国之初巩固权力的做法是可以理解的。

一场悲剧发生了，人们总爱站在弱者的角度谴责强者。弱者与强者对决，只有三个结果：一是成为强者，干掉强者；二是用暴力手段，干掉强者；三是妥协，妥协不是认输，而是无奈之举。世界上没有绝对的强者，只有相对的强者。只有找到自己的定位和处世之道，才是正路。说这话没有为强者辩护的意思，只是理性地看待这个问题罢了。

第十五章　父拜子君权强化　皇帝贵今日知之

接下来说的这几个小故事都是关于刘邦生活方面的。

刘太公被项羽抓去以后，经过那次有惊无险的“烹饪风波”，后来在刘项“鸿沟议和”时被放了回来。

刘邦当了皇帝，也没忘尽孝心，他每隔五天去看刘太公一回，见面后还是按照一般百姓的礼节拜见父亲，并没感到有什么不舒服，认为参拜父亲是天经地义的。可刘太公的一个家令却向刘太公建言，天无二日，民无二主。今皇帝虽为人子，但他是人主，而太公您虽为人父，却是人臣啊，怎能让人主拜人臣呢？如此，则天子的威严不能行于国人，会乱了国家的法度。

下一次刘邦再回去时，发现他老爸“拥篲迎门却行”。刘邦大惊，急忙下扶太公。“拥篲迎门却行”是什么意思呢？怎么能让刘邦如此不安？“拥篲”，指抱着扫帚，有为来者清扫前路的意思，以表示对来者的尊敬；“迎门却行”，指引来者进门而不敢为先，因此倒退而行，仍面向来者而不背对他，以表示对来者的尊敬。刘太公说，帝王是人主，不能因我一人而乱天下法。刘邦过意不去，就尊太公为太上皇，但心里也赞同那个家令的话，赏了那个家令五百斤金。

其实，这个谄媚的家令要是不说，也没什么事。在外刘邦是皇帝，在内刘邦是儿子，内外分明。好比现在，某人在外是老板，是社会头面人物，回家后在私人空间里，他是儿子，是父亲，是兄长，是丈夫，他可以根据不同的身份扮演好不同的角色。只有内与外界限分明，才是人生佳境。

这个家令为了讨好刘邦，让刘太公这个乡下老头狼狈不堪。亲情向权力让道了。中国古代那些令人窒息的繁文缛节就是这么产生的——一方面是统治者的个人虚荣，另一方面是属下的谄言媚行，二者各有所需，一拍即合。

刘邦还有一次的言行颇有点意思，既十分幽默，又有一点无赖相。那是在未央宫落成后组织的一次宫廷酒会上。刘邦为刘太公祝酒之后问他，老爸，您以前认为我没有出息，连自己都养不活，也没有什么本事置家业，不如我二哥刘仲，那您看看，现在我们俩的家业谁的大一些呢？殿上群臣皆呼万岁，哈哈大笑。这应该是真实的生活化的刘邦。

据说，刘邦这个人一点架子都没有，即使门卫岗哨、贩夫走卒，他也能谈得来。刘邦接地气是他战胜项羽的因素之一。真正的成功者不靠装腔作势吓唬人，他更随和，更平易近人。

刘邦建汉后，把秦朝的繁文缛节都废除了，让叔孙通（他曾经以儒家博士的身份侍奉秦二世。陈胜起义后，秦二世召集儒生讨论这一事件的性质，有人把这个事件定性为“叛乱”。秦二世讳疾忌医，很不高兴。因为若定性为“叛乱”，则说明问题严重，自己没有当好皇帝。叔孙通则说：“如今天下一统，歌舞升平，哪有叛乱发生？陈胜那些人只是鸡鸣狗盗之徒，掀不起风浪。”秦二世大喜，把那些说陈胜起义是叛乱的人都治罪了，却封赏了“说实话、说好话”的叔孙通。回去后，那些儒生责备叔孙通没有原则，当面逢迎。叔孙通说：“你们不知道情况，我是虎口脱险。”叔孙通赶忙逃跑，投奔项梁，后来又跟了项羽。刘邦攻入彭城后，叔孙通又跟了刘邦。刘邦不喜欢儒生，叔孙通就按照刘邦家乡的习惯，一身短打扮，刘邦见了很高兴）制定礼法，力求简易。废除秦朝的繁文缛节后，有可能当时的礼法过于简单，群臣根本不把礼法当回事，喝酒时争功劳，大呼小叫的。有喝醉的人，甚至拔出刀剑击刺宫殿的柱子，特别不像话，刘邦见此很苦恼。

叔孙通知道刘邦对这种没大没小的行为深恶痛绝，就进言：“读书人难以进取，但是可以守成。我希望您同意我召集鲁地的儒生和我的弟子，共同制定礼仪。”刘邦问：“不会搞得太烦琐吧？”叔孙通说：“我会因时制宜，略微减损、增补、消化、吸取上古及秦朝的礼仪，制定适合我朝的礼仪。”刘邦说：“那你就看着办吧，尽量简易些，得我也能够做到才行。”

于是，叔孙通就召集鲁地的三十多名儒生前来议事。有两人不愿来，说：“你叔孙通已经侍奉过十来个主子了，你总是通过阿谀奉承窃取高位。如今天下初定，死者未葬，伤者未起，百废待兴，这些紧要的工作不做，你却要制定礼乐，对民生凋敝的现状来说，这是不务之急，而且凡礼乐的兴起，都是经过百年积德行义后的自然结果。你的所作所为不合古道，我们不去。你快走吧，不要玷污了我们。”叔孙通说：“你们真是书呆子，不知道时代的发展。”

他带领三十人，离开鲁地，到了关中，加上刘邦身边人及自己弟子共一百多人，在野外进行操练。等到排演满意了，他让刘邦来观摩。刘邦说："不错，我也能够做到。"于是刘邦又让群臣来练习。

长乐宫建成后，群臣按照礼仪觐（jìn）见刘邦，全场鸦雀无声，整齐肃穆。刘邦大喜，说道："我今日才知道做皇帝的尊贵。"他不小心又说出了心里话，说出了一个暴发户的沾沾自喜。

于是，刘邦任命叔孙通为奉常，主管祭祀和礼仪工作（楚汉战争时，有一百多名弟子跟着叔孙通投归刘邦，但是他们那时都没有得到提拔和任用。叔孙通只向刘邦推荐武勇之人。弟子们偷偷骂道："我们跟着他几年了，没有得到一点提升。他只推荐奸猾之徒，为什么呢？"叔孙通听说后，道："汉王现在争夺天下，最需要冲锋陷阵的人，你们能打仗吗？耐心等等，我不会忘了你们的。"现在，叔孙通制定礼仪有功，趁机把自己这些弟子推荐为皇帝侍从人员。他又赏给弟子们五百斤金。弟子们话锋顿转，说道："叔孙生真是圣人呀，懂得当代要务。"司马迁对这些人的嘴脸深恶痛绝，不吝笔墨进行讽刺。然而，他也认可叔孙通之价值。以上内容见《史记·刘敬叔孙通列传》）。

第十六章　诵大风慷慨悲凉　能成事从谏如流

刘邦作过一首《大风歌》，是在回到沛县老家后作的，和项羽的那首《垓下歌》有不同的意境和心情。

刘邦衣锦还乡，召集父老乡亲一同宴饮。酒喝得恰到好处时，刘邦击筑，自吟自唱："大风起兮云飞扬，威加海内兮归故乡，安得猛士兮守四方。"

李善评价说，风起云会，比喻群雄竞逐，天下大乱；威加四海，说已平定天下；安不忘危，故思猛士以镇之。此诗词气势雄浑，慷慨悲凉，气笼宇宙。

朱熹评论说，自千载以来，人主之词未有如此壮丽而奇伟者，这在当时可谓独步今古。

刘辰翁认为，这首诗词是在诛杀韩信、彭越之后作的，刘邦感觉不妥，四顾寂寥，伤心不已。刘辰翁认为词虽壮丽而意境悲凉，或许刘邦悔心已萌，认为不该杀那些人，按照言为心声的推理，其悔恨之情应是溢于言表了。

刘邦唱完了还不过瘾，又起身跳舞，慷慨伤怀之时，泣不成声。真是无情未必真豪杰。他说："游子悲故乡，我虽人在长安，可我就是死了，我的魂魄犹会想家。我怎能忘记自己的出生地呢？如今我要以沛县作为我的私人封地，我要免除沛县世世代代的徭役和赋税。"众人大喜，开怀畅饮，刘邦流连十余日才离开。

刘邦这次是在征讨英布的途中回到家乡的。他在征战中为流矢所中，一病不起。到了严重时刻，吕后找良医给刘邦看病。刘邦自知时日不多，但他还是例行公事地问医生情况。医生害怕，不敢说实话。刘邦骂道："我白手起家，提三尺剑取天下，这难道不是天命吗？既然天意如此，就是有扁鹊那样的神医又能如何？"于是，他干脆病也不治了。这其实是刘邦心胸豁达的写照。

汉高祖十二年，即公元前 195 年，刘邦去世。临死前，他安排了一下国家大事：萧何死后由曹参代相位；曹参死后由王陵代相位，但王陵有点死心眼，让陈平辅佐，而陈平智有余却难以独任大事；周勃厚重少文，但安刘氏天下者必此人，令其为太尉，掌管军事。

这些人物的优缺点，刘邦看得太明白了。

一代霸主退出历史舞台。

一件事情失败了总会有不可控的客观原因，但我们不能都归因于客观，我们主观上也会犯错误。但有一件事我们可以控制，那就是在败局形成之前进行"人谋"。"人谋"不是闭门造车，而是广泛征求意见。这就是读者要向刘邦学习的地方——善于纳谏，即广泛征求意见。一句话，个人的思维有局限性。

一个好汉三个帮、听人劝吃饱饭，都是说要多听人言。多听人言就是多谋，多谋才能善断，因为多谋可以看到几种可能性，并制定出相应的策略方法，再从中选择最好的。如果不找人商量，就只有一种思维模式，想当然出来的几种方法，断不断都差不多。自以为对的东西不一定正确，司空见惯的现象不一定可靠。多听人言与拿不定主意是两码事。只有多听不同的声音，才能比较出更好的，才能正确地拿定主意。

我们可以只取刘邦一个优点：善于纳谏。

《史记·高祖本纪》给我们留下的成语有“豁达大度”“约法三章”“拨乱反正”“跂而望归”“安堵如故”“高屋建瓴”（瓴，líng，盛水的瓶子。高屋建瓴，指在房顶上用瓶子往下倒水，形容居高临下的形势）等，经典的话语有“愿从诸侯王击楚之杀义帝者”等。

司马迁评论说，夏朝的执政理念以忠厚朴素为本，强调“忠”，但是强调“忠”的弊端是百姓不讲礼仪，行为粗野。因此，商朝强调“敬”，敬天地，敬祖先，但是强调“敬”的弊端是百姓过于迷信鬼神。因此，周朝强调“文”，建立了完备的典章制度和礼仪规范，但是强调“文”的弊端是百姓只讲形式，内心不诚实。若想解决这一问题，还要回到夏朝强调“忠”的执政理念上来。这就是夏商周三代治国理念的周而复始。周、秦之际（指春秋战国）只讲现实利益，人心大坏，诚信荡然无存（所谓“文弊”，指周朝的执政理念中正确的部分得不到贯彻）。秦朝没有改变这个弊端，反而变本加厉地实行酷法，这不是大错特错了吗？因此，汉朝建立以后，针对社会现实，放宽刑罚，约法三章，实行休养生息的国策，这才是顺应了天道。

对于一个自以为是的人而言，不管他有多么强大的智囊团，都形同虚设，都是他一个人在做决定，都是他这个“聪明绝顶”的人的主意最好。而刘邦不是这样的，他没有专才，却能够成为最好的领导者。

刘邦能够顺应时代潮流，善于纳谏，知人善任而又驾驭有方，赏罚分明能让人心悦诚服，能协调内部人事关系，多谋善断，是一个优秀的“知本家”。

韩信列传

谁信淮阴藏国士？德行未见奇，一饭尚无着，身材徒长大，有剑似无胆，胯下钻懦夫，投军为执戟，若说韩信国士无双，定让凡夫哈哈大笑。

哪知市井有兵仙？一战定三秦，再战破西魏，三战平代地，四战斩陈馀，传檄降燕地，突袭下齐城，直到垓下十面埋伏，方信将军赫赫生威。

嗣敏试对《韩信列传》

第一章　汉战神落魄无依　真无奈胯下受辱

“生死一知己，存亡两妇人。”这副对联概括了影响韩信一生的三个关键人物。“一知己”指萧何。慧眼识英才的是他，诓骗韩信自投罗网送命的也是他（成语“成也萧何，败也萧何”的由来）。“两妇人”指漂母（一位老大妈）和吕后（刘邦的老婆）。漂母在韩信贫困潦倒时常常接济他，后来韩信衣锦还乡时，以千金相赠（“一饭千金”就是这么来的），而吕后是真正下令处死韩信的人（当时刘邦出征在外）。

韩信的起家和覆灭与这三个人密切相关。

韩信是淮阴人，与刘邦算是老乡（刘邦是沛县人）。韩信曾被封为“齐王”“楚王”，但这些称号后来都不算数了，历史上认可的是“淮阴侯”。这应该与汉朝后来非刘氏不得封王的规定有关。

韩信的故事大家可能听得比较多，最有名的就是“胯下之辱”，堪称忍辱含垢故事之极品。

如果韩信仅仅是淮阴县的一个浪荡青年，那么他的忍辱含垢故事只能作为淮阴人茶余饭后的谈资，可他偏偏被拜将封侯，这懦夫与统帅之间巨大的反差强烈地刺激了人们的神经。

在楚汉战争中，韩信应该是继刘邦、项羽之后，最耀眼的明星。

韩信是一位奇人。

韩信年轻的时候穷，穷得一塌糊涂。“家徒四壁，贫无立锥”，这八字形容已尽。他父母死得早，他自己也乐得天马行空，就四处游荡。《史记·淮阴侯列传》上说他“贫无行，不得推择为吏”。自战国以来，地方有向官府推举本地人才当“公务员”的制度，属于“免试保送”型。可是按照当时的标准评判，韩信应该算不得“贤德”之人，不够“保送”资格。

进不了官府做事，士农工商，三百六十行，行行出状元，可韩信既不弯下腰务农务工，也不经商做些小本生意，还常到别人那里白吃白喝，人多厌之。

别人为什么讨厌他呢？按照笔者的想法，中国人不是最讲究礼尚往来吗？来而不往非礼也，可韩信哪有钱回请他们？“月光族”还有点月收入呢，可是韩信毫无经济来源。没钱也不要紧，如果他嘴甜一点，做个合格的帮闲，会察言观色、溜须拍马，能投人所好，这样也行，可是韩信还自命清高，属于孤芳自赏型。

既没有钱，又没有甜言蜜语，韩信就陷入了一个尴尬的境地：老实本分的人看不起他，认为他好高骛（wù）远，不能脚踏实地；在社会上混的人也看不起他，认为他太不讲究，不懂江湖规矩。

大家都认为韩信不但能装，还没有骨气，都瞧不起他。有个无赖对韩信说：“别看你长得高高大大、整天舞刀弄剑的，其实你就是个胆小鬼，我敢当众和你叫板。你要是不怕死，就用剑刺我。若是胆小鬼，就从我胯下钻过去。”别人都在旁边起哄。韩信只有两条路可走，要么拔剑，要么钻胯。《史记·淮阴侯列传》上说韩信“孰视之”（“孰”通“熟”）。这个“熟视”用得极好，相当真实。他盯了那个无赖很久，说明他当时并非无动于衷，而是做了激烈思想斗争的。这才是真实的人。这细微之处的真实体现了《史记》的伟大。但理智战胜了情感，韩信跪在地上，从那个无赖的胯下钻过去，起身拍拍身上的灰尘，振作精神，扬长而去。

千金之躯怎能换条狗命？英雄的心事怎能让人轻易洞察？

第二章　蹭吃喝受尽白眼　情无价一饭之恩

韩信受尽了人的白眼。

他经常去淮阴县下乡南昌亭一个亭长家吃白食。他总是没到饭点儿就去人家里坐着，与亭长二人谈些生活琐事，东扯西拉的，也没有什么共同语言。为了避免冷场，韩信总是没话找话，找些虚无缥缈、云山雾罩的事侃侃而谈，一直磨蹭到吃饭时间。他们不做饭韩信就这么耗着，做完饭韩信就看着他们吃，他们一让韩信吃，韩信就毫不客气。韩信这样一直吃了有数月之久。亭长老婆后来一见韩信就头痛欲裂，如临大敌。最后没办法了，她“晨炊蓐（rù）食”，意思是早点做饭，人家还在床上，她家就把饭吃完了。韩信到点儿又去了，谁知人家今天吃得早，饭吃完了，碗都涮干净了。韩信不是傻子，这么明显的事还不知道什么意思吗？他大怒而去，再也没去亭长家。

这不能全怪亭长老婆，多一张嘴吃饭就多一笔开销。女人负责内务，关心柴米油盐酱醋茶的开支是正常的。再者，韩信天天去，也影响人家的二人世界呀。

有一次，韩信来了闲情雅致，到河边去钓鱼。一群老大妈正在那里漂洗棉絮。其中一位老大妈（漂母）看韩信面黄肌瘦的，知道他吃不饱饭，缺乏维生素 ABCDE，就从家里带饭给他吃。足足有几十天，她天天如此。韩信知道，老大妈家里的日子过得也相当紧巴，很感激她，就对老大妈说："我日后必有重谢。"谁知不说这话还好，一说这话，老大妈大怒道："公子爷你省省吧！大丈夫不能自己养活自己，还说什么大话呀！我是看你可怜才帮你的，难道是想要你的回报吗？"

有人说，老大妈当时是巨眼识人，她的话里充满了恨铁不成钢的意味。恐怕未必，她的话应该是一种揶揄（嘲笑、讥讽），意思是韩信都潦倒到如此地步了，还豪言壮语，真是太不自量力了。她根本不相信韩信有什么能力。

韩信度过了屈辱的青年时代，没有春花雪月的浪漫，没有肥马轻裘的闲逸，只有无尽的痛苦。但对于一个特立独行的人来说，忍受痛苦就像家常便饭一样不值一提，痛苦的经历反而成为他人生中宝贵的财富。

吃得苦中苦，方为人上人。压力一旦转为动力，一定会势不可当。

乱世出英雄。天下大乱之时，韩信决定从军。

第三章　跟项羽只当保安　投汉王差点丧命

大家都知道，当时项羽的叔父项梁最有名气。人的名，树的影，韩信也投奔项梁，以图显姓扬名。《史记·淮阴侯列传》上说，韩信“杖剑从之”，意思是说，他除了随身一把剑外，别无其他进身资本。他没有熟人提携，没有什么推荐信之类的，所以在项梁那里待了一段时间，仍是无名之辈。

项梁死后，韩信又跟了项羽，但他仅做了一个侍从人员，“位不过执戟”。韩信多次向项羽进言，可项羽就是不听。要不怎么说项羽有眼无珠呢。等到被韩信打得毫无还手之力时，项羽才悔不当初。

每个人都有看人看走眼的时候，也不知是不是项羽听说韩信曾遭受胯下之辱，心存轻视之意。对于项羽这种叱咤风云的大英雄来说，韩信轻贱得连猫狗都不如，让他留下只是发善心做好事。在项羽看来，懦夫的建议不用，要用就用英雄的。

不得重用怎么办？韩信于是另谋出路。他不能一棵树上吊死呀。

刘邦赴任汉王之位时，有一批“追星族”跟了去，韩信于是也亡楚归汉。但韩信也真够惨的，刚开始时，他还是不被看好，只做了一个接待宾客的连敖，相当于一个“公关部部长”。

韩信这个郁闷呀，整天打不起精神。据说，他经常借酒浇愁。有一次，他酒后吐狂言，被人诬告谋反，再加上他犯了“玩忽职守”罪，按律当斩。

在法场上，前十三个都被杀了，他是第十四个。韩信一抬头，看见了夏侯婴（刘邦的“司机”，也是刘邦的老哥们。在彭城之败后逃亡时，刘邦为了减重，三次把女儿和儿子推下车，又三次都被夏侯婴拉上车了），就喊道：“汉王不是想夺取天下吗？为何要斩壮士？”夏侯婴看他相貌堂堂、言语不俗，就释放了他。

夏侯婴和韩信一深入交谈，发现韩信有雄韬伟略，高兴极了，庆幸自己为刘邦发现了人才。夏侯婴就向刘邦举荐了韩信。

大家注意，凡是兴旺的团队，都是互相举荐贤能之士的。举荐与提携有区别。举荐基本出于公心，是从大局考虑的；提携可能掺杂了其他成分，如这个人能投其所好啦，是同乡同学同谊啦，是自己为巩固地位而安插的一个棋子啦。如果你的下属提到别人都是过错，说到自己总情有可原，你就要小心了。

刘邦的团队，大家劲儿往一处使，人才并不是刘邦一个人发现的。

可那时的刘邦也不敢十分恭维，他只是让韩信做了一个管理粮饷的治粟都尉。“上未之奇也”，刘邦没觉得韩信有什么特别出众的地方。

这时，未露头角的千里马——韩信，引起了一个伯乐的注意。这人是谁呀？萧何。萧何多次与韩信交谈，内心被韩信深深折服了。只是当时萧何日理万机，琐事繁多，一直没有机会举荐韩信。

◎韩信官爵职务的变迁

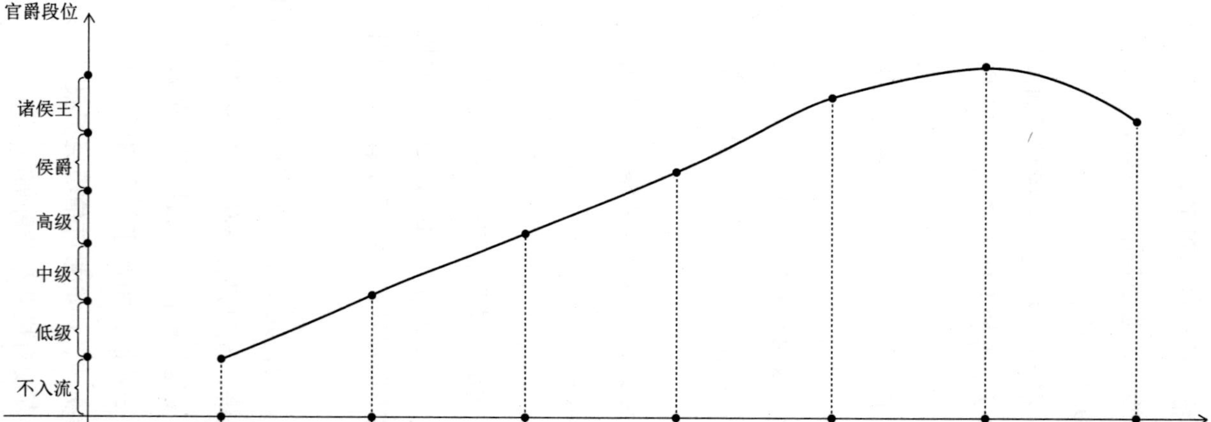

官爵名称	执戟之士	连敖	治粟都尉	大将军	齐王	楚王	淮阴侯
时间	秦二世二年（前208）	约为汉王元年（前206）	过渡性职位，不久即被封大将军	汉王元年（前206）	汉王四年（前203）	汉高祖五年（前202）	汉高祖六年至十一年（前201—前196）
解释	约在项梁渡过淮河之后，在楚军中的职位类似于首长的保安人员	汉王入蜀时，韩信背楚归汉。刘项都是楚人，因此多用楚国官名	约为在军中管理经济事务的中下级军官	汉军统帅	要挟刘邦而被封的	垓下之战后，刘邦称帝前，改封的	这是汉朝政府官方承认的官爵

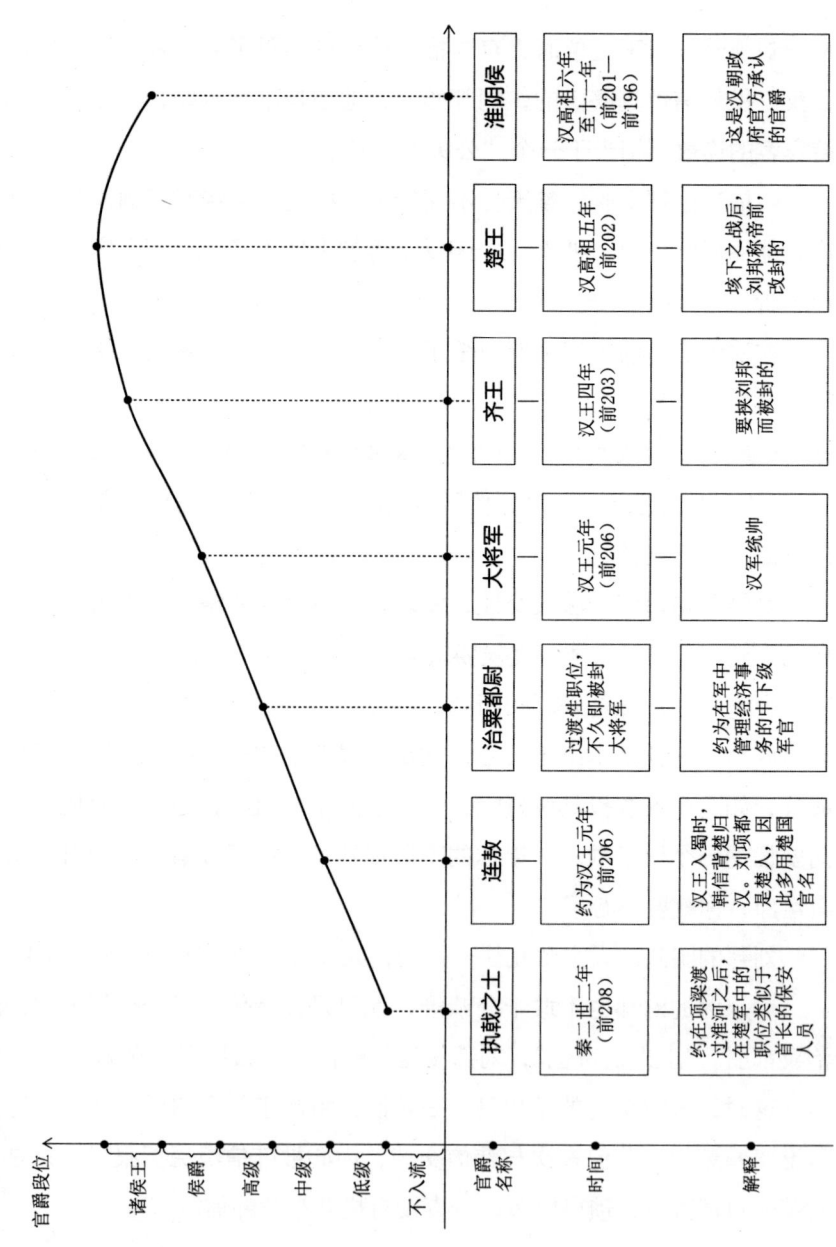

刘邦一行进入汉中郡不久，就发生了“思乡事件”。

也不知道谁那么损，创作了一曲伤感的思乡音乐。和刘邦一起进入汉中郡的都是关东之人，都不愿意背井离乡。这音乐听得人都想跑回老家去。

韩信也有点按捺不住了，心想：现在萧何恐怕已多次向汉王推荐我了吧，到如今仍然杳（yǎo）无音信，肯定没戏了。唉，不怨别人，只怨我韩信命运多波折。罢罢罢，此地不留爷，自有留爷处，开路吧。他也参加了那次“胜利大逃亡”。

第四章　萧何月下追韩信　登坛拜将一军惊

别人逃跑了，萧何不管不问、听之任之，可一听说韩信也逃跑了，萧何如失重宝、大惊失色，来不及向刘邦说明原因，骑马就追。这就是有名的典故“萧何月下追韩信”。

据说，陕西留坝寒溪河存有石碑，就是为了纪念这个典故而立的。因为有了韩信，这条名不见经传的河流才声名鹊起。据说，韩信跑到寒溪河时正赶上河水暴涨，他一时无法过河，才被萧何追上了。在萧何做了大量思想工作的情况下，韩信才掉转马头，返回汉中。

刘邦这边也同样惊慌失措。怎么了呢？因为他听说的是萧何逃跑了。萧何是谁呀，是他的大管家、大丞相呀，萧何要是跑了，这还了得！他顿感如失左右手，大骂萧何忘恩负义、不讲哥们儿义气，心想我刘邦算是瞎了眼了。

谁知一两天后，萧何回来了。刘邦且喜且怒。他喜的是萧何并非无情无义、有始无终，怒的是他有事事先不和自己说一声，让自己虚惊一场。刘邦表达感情的方式比较特别，他喜欢一个人时便爱骂他，于是他就骂萧何："你小子逃跑是为了什么？有别人逃跑的，还有你逃跑的？"萧何说："大王误会了，我哪敢逃跑呀，我是追赶逃跑的人去了。"刘邦一听，心怀尽释。

刘邦心里这个疙瘩解开了，好奇心上来了，就忍不住问萧何："你去追谁了？"萧何回答说道："韩信。"这话不说还好，一说，刘邦的火又被勾起来了。刘邦又骂："你少用这种花言巧语骗我。跑了那么多将领，没见你追谁，一个小小的韩信跑了，你却去追，你骗谁呀？我闯荡江湖这么多年，什么谎话没听过？"萧何忙说："那些将领可以失而复得，然而韩信是国士无双（用克隆技术都不行），再没有了。大王如果只想做个悠闲自在的汉王，就别用韩信了。如果您想争夺天下，那么大将军的人选非韩信莫属。用不用他，就看您的志向了。"刘邦说："我当然想打回老家去，谁愿久居汉中呢？"萧何见刘邦表明了态度，就说："大王现在基本上决定要成就大业了。那好，我说句实话，若能重用韩信，他必留下。若不能重用韩信，他必走无疑。"刘邦听后，沉吟片刻，说了这么句话："吾为公以为将。"刘邦这话的意思是，萧何的话都说到这份儿上了，他就看在萧何的情面上任用韩信为将军。话如此说，可见当时刘邦很勉强。他拜韩信为将，不是欣赏韩信，而是怕伤萧何的情面。萧何要是跑了，那可就坏大事了。

从这些人对韩信的态度上可知知人之难。萧何说："只当一员普通将领，韩信还会认为自身的价值没被肯定，他还得跳槽。"刘邦被逼不过，只好投降，说那就拜他为大将，统帅三军吧。他不相信韩信，但是他信任萧何，看萧何大力推荐，他也就顺水推舟了。萧何这才喜笑颜开，说："众军易得，一将难求；众将易得，主帅难求。这样我就敢说，韩信一定会留下来。”刘邦听后就想立刻召韩信进来拜将。萧何马上阻止刘邦，说：“大王总是傲慢无礼，今天拜大将如呼小儿，这就是韩信要逃走的原因啊，如此，则威权不行，韩信没有威权作保证，还当什么将、拜什么帅？您如果真想拜将，就选个黄道吉日，吃斋戒荤，设拜将坛，这样才行啊。”

刘邦好就好在这儿，只要是好的意见，他马上接受。于是，他决定就按萧何的意思办。一时间，汉王要拜将的消息传遍军营，但具体拜谁却都不知道。众将皆喜，人人自认为得拜大将。谜底揭晓，大将竟然是韩信！

韩信破茧成蝶，完成了人生的一次蜕变。这次蜕变是因为萧何的大力支持才得以实现的，此所谓“成也萧何”。

“韩信拜将”给了我们一个启示，要想增强下属的执行力，首先要增强他的公权力，人事任命不能躲在办公室里秘密完成，而要大张旗鼓地宣传，放到大会上宣布，授以公权力。

就这样，具有宏大气魄的刘邦把一个曾受胯下之辱的逃兵推上了大将军的宝座。

第五章 汉中对评南论北 度陈仓指东打西

韩信完成了拜将大礼，正式成为三军统帅。刘邦就问他：“萧丞相多次向我推荐将军，说将军器识非凡，不知将军能教我什么策略？”韩信就问：“和大王您争夺天下的应该就是项王吧？”刘邦说：“当然。”韩信又问：“大王您自料在勇气、胆略、仁慈、实力方面与项王相比，您哪方面更强些呢？”刘邦默然良久，虽然不愿意承认，但也不得不说，自己这些方面都不如项羽。

韩信看刘邦有自知之明，敢于承认自己的不足，能实事求是，相当高兴，认为这是成大事的基础，就对刘邦说：“我也知道您赶不上他。我曾经在项王手下做过事，我就和您说说他的为人吧。项王喑呜叱咤，千人皆废（意思是说他的呵斥声让人心惊胆战，极言其勇）。然而，他不能任用贤将，也根本不相信别人，只恃匹夫之勇罢了。项王和人交往时恭敬慈爱，态度温和得有点婆婆妈妈。某人如果有病了，项王能为他哭，能把最好吃的东西都让出来。然而，当某人有功了应该奖赏时，印信的棱角都摩挲圆了，项王还舍不得给他，此所谓妇人之仁。项王所给的都是小恩小惠，没有大气量。项王虽然号称霸王，诸侯听命于他，可惜他不在关中称王而到彭城建都，丧失了天时地利。他违背义帝之约，未按‘谁先入咸阳，谁就称王’的约定办事，言而无信，让人不服。他让自己亲爱的人称王，赏罚不公，诸侯心里不平。项王所过之处无不残灭，天下多怨，百姓不亲附，只是被他的兵威所挟制，敢怒不敢言罢了。种种倒行逆施的行为使他丧失了人和，名虽为‘霸’，实失天下人心，因此，他虽强易弱（是说项羽的成功中隐伏了众多失败因素，最重要的是丧失了人心，尽管表面强大，但是统治基础相当脆弱，是个不折不扣的纸老虎）。如果大王您能够反其道而行之，任用天下武勇，何所不诛？以天下城邑封赏功臣，何所不服？利用士卒要打回老家的锐气，何坚不摧？您只要任人唯贤、赏罚分明、因势利导，您虽弱必强，完全能与项王唱对台戏。况且被封在关中的三个王——章邯、长史欣和董翳，在关中根本不得民心，他们三人率秦军士卒投降项王，结果二十万秦军士卒被活活坑杀，而这三人却毫发无损，关中百姓都怀疑他们三人与项王狼狈为奸，一同密谋害死了秦军士卒，恨他们恨得咬牙切齿，痛入骨髓。大王的反击可以从这三个人开始。而且我们还有很好的群众基础，因为您率先入关，抢占天时，约法三章，秋毫未犯，关中之民全都知道大王您最有资格在此称王。如果您以此为突破口，则关中之地可不费吹灰之力传檄而定。我们再以此为根据地，稳扎稳打，取得天下就是早晚之事了。”刘邦大喜，这才知道，早该起用韩信。

于是，刘邦部署兵力，想称王关中，进而与项羽摊牌。

韩信“汉中对”的战略分析与诸葛亮“隆中对”的论天下三分有异曲同工之妙，确实有掀揭天下、重整乾坤之志，不仅仅是战略分析而已。他论楚之所以失与汉之所以得精当至极，分析项羽的为人、战略、政策的失误，一针见血，说出了项羽貌似强大，实则色厉内荏（rěn，软弱）、外强中干的本质。他觉得刘邦没必要被项羽吓倒。韩信建议刘邦利用宣传手段，这是最难能可贵的。他强调要发布讨伐檄文，即建议刘邦宣传自己的政治纲领，申大义于天下。韩信这是为刘邦制定了“总战略策划书”。

◎《汉中对》韩信谈话要点

序号	分析项羽	建议刘邦
1	过度自信，匹夫之勇	任用贤能，依靠团队
2	妇人之仁，封赏吝啬	与人同利，大胆封赏
3	违背先入关者称王之约	申明先入关者称王之约
4	任性分封，诸侯不平	联合诸侯，共同反项
5	焚烧咸阳，杀戮过重	安抚百姓，收买人心
6	丧失地利，定都彭城	夺取关中，以争天下
7	分封三秦，秦民多怨	还定三秦，易如反掌
8	名虽为霸，其强易弱	反道而行，虽弱必强

韩信平定关中时，刘邦集团用了一条计策，那就是“明修栈道，暗度陈仓”。

大家知道，刘邦赴任汉王之后，把汉王辖区与中原连接的栈道烧毁了，既防备了项羽尾随偷袭，又向项羽显示了自己无东进的野心，让项羽放心地睡大觉。而这次为了进兵，刘邦使用了障眼法，又开始修理栈道了，显示自己要从这里打回中原去。“聪明”的项羽一看，这栈道要修到猴年马月去，就根本没在乎刘邦的举动。但这只是表面文章，为了掩人耳目，实际上，刘邦另有所图，所图之地就是陈仓古道（在今陕西宝鸡附近）。因为麻痹敌人的战术用得相当好，所以当汉军声东击西、以迅雷不及掩耳之势出兵陈仓时，被项羽分封的章邯等“关中三王”处处被动。“闪电战”的先声夺人，再加上展开宣传攻势，刘邦大军很快就平定了“三秦”。

函谷关以西尽属刘邦。韩信用行动实现了自己的战略构想，证明了自己军事理论的正确，也给瞧不起自己的那些人上了一课。这一计策也成了三十六计之一，至今被人们广为称赞。

韩信接下来的军事行动主要是打击项羽分封的各诸侯。虽然正面战场是由刘邦对峙的，但韩信的军事行动更为重要。他把项羽的外围势力分化、铲除后，就对项羽形成合围之势，在敌后建立战略纵深，不断缩小包围圈。环项羽的“卫星城”不断改姓刘，项羽不但失去强援，而且被层层剥离。后来，项羽垓下被围，有人推测，他要是退回江东，卷土重来，还能再创辉煌。

历史不能假设。按照笔者不成熟的观点，他退到江东仅能苟延残喘罢了。项羽最大的失败是失掉了民心，人们对他彻底绝望了。

汉军先击败了章邯等三人，又击败、招降了申阳、郑昌、司马卬和魏王豹（他也是当年反秦的诸侯之一，后来在刘、项之间左右摇摆。他的小妾被刘邦收编后，生下了著名的汉文帝），接着韩信与张耳一起攻打赵国。这个赵国大家应该还记得，就是项羽在巨鹿之战救的那个赵国，不过，两者相同而又不同。当时的赵国是在陈胜起义之时建立的，当时的赵王名歇。赵王歇是被秦始皇灭掉的赵国贵族的后裔，保他的两个人是张耳与陈馀，张耳为相，陈馀为将。被章邯包围、项羽解围的赵国就是那个时候的赵国。后来，陈馀与张耳闹翻了。项羽分封诸侯时，知道张耳贤能，就想拉拢他，封张耳为常山王，定都襄国（今河北邢台附近），而把原来的赵王歇封为代王（代地在今河北蔚县东北）。陈馀因为与张耳赌气，就没有随项羽的得胜之师西进咸阳。项羽认为陈馀没有什么功劳，但又知道他了不起，就只封给他三个县。陈馀很不满，就联合齐国的田荣把张耳赶跑了。张耳跑到刘邦那里，最后与刘邦做了亲家。而被封为代王的那个赵王歇又称“赵王”了。赵王歇又封了陈馀为代王。这些关系有点复杂。而这时韩信与张耳要打的赵国是赵王歇与陈馀组成的赵国，所以说，两者相同而又不同。

有的诸侯没有站到项羽那边，可也没有站到刘邦这边，朝秦暮楚，摇摆不定，而恰恰是这种角色，最容易成为两大势力夹攻的目标。

第六章　弱克强背水一战　逸待劳攻心为上

韩信与张耳带兵数万，欲东下井陉（xíng。井陉在今河北井陉附近）攻击赵国（击赵之战体现了韩信神鬼莫测的军事指挥艺术）。

赵王歇与陈馀收到了密报，就聚兵于井陉口，且号称有二十万大军。广武君李左车劝陈馀说：“我听说韩信自出兵以来，攻无不克、战无不胜，如今又有张耳做副手，更是如虎添翼。他想乘胜进攻，现在正是他锐不可当的时候。但他也有致命的弱点，就是粮草运输困难。他想通过的井陉险道，山路极其险狭。他为了迅速通过此险道，必然会让轻骑先过，而把粮草辎重放在后面。如果您给我三万奇兵，让我从小路切断他的粮草辎重，而您则深沟高垒、坚壁清野，使他向前不得斗、后退不得还，我则奇兵绝其后，使他野无所掠，不出十日，我敢保证，韩信与张耳二将之头可献于将军麾下。希望您能仔细考虑一下我的建议。否则，我们必败无疑。”

这是多么好的战术啊！

可陈馀，儒者也。他这个儒者是个书呆子。他常说："义兵不用诈谋奇计。"在不是你死就是我亡的战场上，还讲什么"黑猫""白猫"？能抓住耗子的就是好猫。读书人最容易被教条束缚住手脚。人要通权达变。据说，古代有一个叫尾生的坚守信约的人，与女子相约在桥梁下见面。女子没来，他水至不去，最后抱着梁柱被水淹死了（成语"尾生之信"）。人不能认死理，特别是在军事斗争中，必须因时因势而变。

陈馀无疑是一个有"理论高度"的大儒，他能背出兵法条例。他说："兵法我还是知道一些的，十则围之，倍则战。韩信号称有兵数万，其实不过数千，而且奔驰千里，长途跋涉之后，必然疲惫至极，我们可以逸待劳。如果我们避而不击，别人还以为我们怯懦，看我们好欺负，必然常常来攻打我们。在此众目睽睽之境地，我们必须勇敢地出击。"他根本不考虑广武君李左车的计策。

陈馀无疑是熟读兵书的，他的指导思想来源于《孙子兵法·谋攻篇》："故用兵之法，十则围之，五则攻之，倍则分之，敌则能战之，少则能逃之，不若则能避之。"孙武是说，兵力是敌人的十倍、五倍就围攻他，兵力不行的话，能打就打，不能打就走。他提出的是普遍的法则，可他也没有说自己兵力多就一定要与对方血拼，就一定要围攻，他的后几句话都是强调用兵之法的灵活性的。

张口闭口就是兵法条例是最害人的，因为这时候人的思维与判断不是基于客观现实，而是从理论与概念出发的，还没展开手脚呢，就已被套在了一个框框里。在军事斗争的紧张时刻，谁打仗时还记得那么多的兵法条例？都忘了。打仗主要靠因地制宜、随机应变，也就是具体问题具体分析。真到打仗时嘴里还念叨兵法几款几条的，活该做俘虏。

学习理论知识是好的，但理论知识要有助于培养战术素养，就是要提高人的素质，使人能够根据环境的变化而迅速做出反应。有点理论知识是为了多点智慧，而不是让它成为教条，所以孟子说：“尽信《书》，则不如无《书》。”

做事不会变通，陈馀犯了教条主义错误。

陈馀说韩信兵力不足，号称有兵数万，其实不过数千，韩信是虚张声势。陈馀在战略上这么想也对，不要被韩信吓倒，要建立自己的信心。但是，在战术布置上，陈馀就要当韩信有几万兵力，而不能当韩信只有几千兵力。这是指，在确实不知道韩信虚实时，陈馀应该这样推测。如果陈馀已明确知道韩信只有几千兵力，硬要当成几万兵力，则是畏敌如虎了。陈馀在没有确切的信息前进行战略评估，还是应该把韩信的兵力想成几万的好。这就是说，尽量把困难估计得大一些，做足准备工作，这样，在交战中，就会进退自如一些。即使陈馀已得到确切消息，说韩信确实只有几千兵力，也要想，这是实际情况吗？有没有预料不到的伏兵和支援？

其实说了这么多，用一句名言就可以概括：战略上藐视敌人，战术上重视敌人。注意，是“重视”而不是“轻视”。在战术上也轻视敌人，就是自寻死路。

遇到困难时，在战略上要“以一当十”，鼓舞自己的斗志，但是在战术上，必须“以十当一”，多打一，追求最佳效果。在讲究实效的军争中，必须注重结果，不能打肿脸充胖子，也不能搞花拳绣腿，追求形式主义。就是说，能在不损伤一个士卒、兵不血刃、不战而屈人之兵的情况下，迅速战胜敌人是最好的，以多胜少是光荣的。难道非得单挑、一对一、杀敌一万自损八千才好吗？这是蠢材才能做出的事。办事有时总感觉半路杀出个程咬金来，事情总是有枝枝叶叶，后来才知道，不是自己运气不好，而是自己过于乐观，没有充分估计到困难，只能怨自己思虑不周。

轻视对手，陈馀犯了冒险主义错误。

陈馀又说，他们若避而不击，容易引人耻笑。陈馀在这个时候还注重形象。打仗又不是去参加酒会，还要打扮得斯斯文文的。再说，避其锐气不是临阵脱逃，奇兵制胜也不是道德败坏。军争是残酷的，是最讲究实际效果的。他和敌人讲仁义，敌人则可能对他下狠手。陈馀其实混淆了战略目的和战术手段的关系。战略目的确实要正大光明，名不正则言不顺，言不顺则事不成。打出“仁义之师”的旗号是对的，但在具体的战术上，他只有胜利了，才能实现自己的战略目的。如果他让敌人给消灭了，他还提什么“仁义”？说他的军队是保护民众不受损失的，自己却被消灭了，他还保护得了谁呀？他的“仁义”根本就没有存在的基础。陈馀这个“正人君子”不屑于搞背后偷袭，非要搞“正大光明”的阵地战。

注重战争形式而不顾后果，陈馀犯了形式主义错误。

陈馀接连犯了教条主义、冒险主义和形式主义错误。

陈馀大谈用兵之道的时候，韩信却派间谍暗中窥视，知道陈馀没采纳广武君李左车的计策，大喜过望，这才敢引兵进发，在离井陉口三十里的地方安营扎寨，休整军队。

半夜时，韩信大军继续前行。他选骑兵两千人，每人持一杆红旗（赤帜），从小道进发，隐蔽在赵营附近，并告诫他们道：“赵兵见我逃走，必然倾巢而出，你们趁此机会疾入赵营，拔赵帜，立汉赤帜（成语“拔帜易帜”的由来。原意指拔掉别人的旗帜换上自己的旗帜，取而代之，后来代指“政权的更迭”）。”

韩信命副将传令，先简单吃些早点，等破了赵军以后再吃大餐。众将都不相信能这么快结束战斗，勉强答应说没问题。

韩信又说："赵军如今已在开阔地扎好营寨，只是他们没看到我的帅旗，不肯贸然进攻，怕我知难而退，他们打得不过瘾。"他就命令一万人先行，出井陉口，背靠河水而列阵。赵军一看这阵势，属于自寻死路，一受冲击，士卒就会被挤进河里淹死。这么白痴的将令都能发布，赵军大笑不已。

天亮了，韩信大张旗鼓地从井陉口出发，赵军果然迎战，两军大战起来。韩信一看，铺垫工作已做好，敌人已有轻敌之心，就假装败退，引赵军到临水结阵的汉军这边。赵军一看，这时机千载难逢，只要一鼓作气，就能把汉军都冲进河里，于是全营出动。而这些背靠河水的汉军被逼得毫无退路，只能殊死搏斗。

这边打得热火朝天，那边韩信派出的两千骑兵一看赵营已空，就以百米冲刺的速度驰入赵营，拔掉赵军旗帜，立汉军红旗两千，弄得"十里赵营一片红"。

赵军这边顶不住了，就往回跑，到营前一看，赵营全是汉军旗帜，他们以为赵营被汉军彻底占了，军心涣散，纷纷逃窜。赵将为了阻止士卒逃窜，斩杀了几个逃跑的士卒，但兵败如山倒，谁听他的呀。

两路汉军突击，大破赵军。那个斯文的儒将陈馀被杀了，赵王歇也被擒了。陈馀为自己的教条主义、冒险主义和形式主义付了"账单"——脑袋掉了。

韩信号令三军，勿杀广武君李左车，有能活捉他的，赏千金。还真有人把李左车献上来了。韩信亲解其缚，请李左车坐于尊位，自己执弟子礼。这可以看出，韩信不是一个十分骄傲自大的人。

众将全都满载而归，带回了大量的战利品。在互相道贺之后，众将领就问韩信：“兵法上说，布列军阵应该是前面、左边靠水泽，后面、右边靠山陵，这样才能进退自如，而将军却令我们背水结阵，还说破赵军之后搞大会餐，好好乐一乐。我们本不服气，然而此战却大获全胜，我们想不通。”韩信说：“我是应用了《孙子兵法》，只是你们没有研究透罢了。《孙子兵法》上不是说‘投之亡地然后存，陷之死地然后生’吗？我们相处的时间短，我对你们并没有什么恩德，我带领你们打仗，好比驱市人（指市集上的匆匆过客，形容毫无关系、素不相识的人）而战，只是带领了一群乌合之众罢了，这时我若不把你们置于死地，你们就不会死战。如果把你们放在进退自如的地方，危险一来，你们就会作鸟兽散了，我怎么用兵呢？”众将拜服。

这就是韩信的“背水一战”。

第七章　读死书害人害己　重实战活学活用

韩信的“背水一战”与项羽的“破釜沉舟”齐名，相同的是二者都以少胜多、置之死地而后生，不同的是韩信多了些智慧，项羽则多了些勇武。

在战斗中，陈馀、韩信及众将都知道运用《孙子兵法》，但从实施效果来看，只有韩信用得最好。陈馀最悲惨，连性命都丢了。陈馀是自取灭亡，为什么呢？因为李左车已一眼看透了韩信的弱点，就是韩信兵少，粮食运转困难，想要快战。李左车对付韩信的策略是断其粮草，截其后路，坚守不战，寻机破之。如果陈馀这样做的话，韩信就完了。

陈馀自认读过几本书就刚愎自用，结果进了韩信的圈套，这不是自己找死吗？人要多听相反的意见。

这个“相反”有两层含义。

一是反对意见，胡搅蛮缠的“无赖式”反对意见除外。俗话说，当局者迷，旁观者清。当局者身陷局中，往往思维受限，提的意见不一定全面，而旁观者在局外，思维不受限，提的意见往往更全面。那个能提出反对意见的人应该是旁观者。如果你与别人对弈，他好心帮你，你可善意地提醒他，这是公平竞争，我知道你对我好，但是，观棋不语真君子，你帮我，对他人不公平，算了，我明知你对我好，我也不听。如果不是这种情况，那我们就要好好考虑了，判断一下他指出的弱点、弊端和困难自己有没有事先考虑到。事先没考虑到不要紧，现在有人指出来了，我们就要看看自己能不能克服，能克服的话，想想有什么具体的步骤；不能克服的话，想想是取消行动另谋出路，还是明知是陷阱也要跳下去，只为证明自己很英勇？而陈馀却是根本不听、根本不想。

二是不同的思维方式。不同的思维方式的形成，有多种原因，如不同的性格、年龄、经历等。像项羽那种勇有余而智不足的人，就应该多接受些智慧型的建议，可惜他根本不听。刘邦文武都不行，但有魄力、敢拍板，好的建议都听。世界上的事不是靠蛮干就行的。我想好，这远远不够，谁都想好，关键得有具体的行动。刘邦就做得相当好，战略交给张良，军事交给韩信，管理交给萧何。当然他的“交”不是无所作为地“交”，一切不管不问，而是深谋远虑地“交”，一切尽在掌控之中。他需要有超强的组织协调能力，这样才能让他的团队高效运转起来。看过《史记》原著就会发现，刘邦听到好意见后，总是说：“善。”这个“善”类似于“就照你说的办”“没问题”“好主意”“好的”。好意见他不但听，而且马上照办，把想法落实到行动上。

像陈馀这种理论多实践少的人，就应该多听听实战派的意见，比如李左车，他就是一个实战经验丰富的人。从摸爬滚打中总结出的经验往往充满智慧。经验丰富的人看问题看得透，一下就能切中要害。同样，一个只有实践经验而读书过少的人，也应该多听听有理论高度人的意见，这样能够运用立体思维，看得远些，而不局限在一城一地之得失上。笔者注意到，在军事行动上吃败仗的指挥者大多是“军事理论工作者”。一些有实战经验的人也吃亏，但这些人大多是老狐狸，多年的军事实战经验让他周身是刀，一般都能自保。

历史上有名的、贡献了成语“纸上谈兵”的赵括，是两千年来的反面教材。他的错误让人不寒而栗，不但自己丧身辱名，还累及四十万大军的性命。据说他的军事理论水平相当高，谈论起来，连他的父亲赵国名将赵奢都说不过他。但赵奢一直都不认可赵括，认为赵括连军事将领最基本的素质都不具备。为什么呢？因为赵括态度不端正。赵括把行军打仗看得太容易了，这就是取死之道。《孙子兵法》上第一句话就是：“兵者，国之大事，死生之地，存亡之道，不可不察也。”一件关乎国家命运、人命生死的事怎能看得那么轻易呢？赵括带兵时，他父亲赵奢已死，否则，有他的父亲教诲他，他不至于败得那么惨。

《三国演义》大家应该都比较熟悉，那里有一个失街亭的马谡，刘备对他的评价是“言过其实”。

马谡一开始，是当诸葛亮的参谋，当得挺好，诸葛亮挺信任他。他的名言就是诸葛亮平定孟获叛乱时说的那句“攻心为上，攻城为下”，与诸葛亮不谋而合。但他感觉不过瘾，非得亲自带兵证明给人看，自己的实践能力与理论水平一样，都行。诸葛亮拗不过马谡，就千叮咛万嘱咐，让他按照自己的战略部署行事。谁知马谡认为自己很罩得住，就自行其是，完全违背诸葛亮的军令。他的副手王平是一个由士卒升到将军的实战派高手，给他提意见，他不听。这与陈馀不听李左车的建议惊人地相似。最后马谡失败，被诸葛亮杀了。后人有说诸葛亮错了，应该给马谡一个改过自新的机会。按照正常情况来说，这种跌过跟头、犯过错误并能彻底改正的人更有创造力。仅仅损兵折将，马谡不一定该死，但他还有一条违抗军令的罪状，所以他必须死。二罪归一，诸葛亮不给马谡改过的机会了。

是不是这种纯粹的理论家只适合给人当参谋，而在独立任事上就有缺陷呢？像刘邦评价陈平“智有馀（余），然难以独任”（《史记·高祖本纪》）那样，是不是纯知识分子最后只能让位给既有理论知识又有实践能力的领导者呢？两个有理论高度的人相遇，固然相谈甚欢，但这适合于私下交往，若合作做事，他们恐怕不是最佳搭档。我们常说“莫读死书”，就是说，理论与实践要结合。我们常被那理论上说得通、事实上办不到，似是而非的东西搞得七颠八倒。“理论上说得通”指“我们的思维和判断不是建立在事实基础上，而是从一个概念出发，用另一个概念来解释，解释通了就以为能够办到”，“事实上办不到”指“我们的理论一用来指导实践就走样了，就不灵了”。实践得少没关系，但应该与有实践经验的人搭档，或多听有经验人的劝，这对我们很有好处。

说了这么多，可以用一个成语来总结，叫“相反相成”，相反的事物可以互相促成。

第八章　败军将可以为师　制燕国兵不血刃

韩信真把广武君李左车当成了自己的老师。他问："我想北攻燕、东伐齐，不知怎么样才能成功？"李左车辞谢道："败军之将，不可以言勇；亡国之大夫，不可以图存。如今我是败亡之俘虏，怎么敢评论大事呢？"

韩信所说的燕，是由项羽分封的一个叫臧荼（其孙女叫臧儿，是汉武帝的姥姥）的人组建的。

古语说"燕赵多慷慨悲歌之士"，燕与赵一般是并提的。当时的燕都蓟在今北京西南，一说在房山区琉璃河镇。燕与赵大致的地理范围是现在的北京、河北和山西一带，而齐国则在山东。韩信想带兵从河北中部向河北以北及北京一带进攻，然后再向东南折入山东。

李左车不想谈。韩信继续说："我听说百里奚（秦穆公时的名相，让秦国声名鹊起）居虞而虞亡，在秦而秦霸，非愚于虞而智于秦也，用与不用、听与不听罢了。假使陈馀听了阁下的高论，如今阶下囚就是我韩信了。就是因为他不用阁下，我现在才有机会静聆教诲。我是诚心诚意地求教，希望阁下不吝赐教。”

李左车一看韩信把话都说到这个份儿上了，无法推辞，就说：“我听说智者千虑，必有一失；愚者千虑，必有一得。任何人都有长有短，任何人都有值得学习的地方。所以说，狂夫之言，圣人择焉（即使它是一个狂夫的话，也有让圣人思考的价值）。但我怕鄙见有污视听，只是尽心而已。陈馀有百战百胜之计，可惜他弃而不用，结果身败名裂，让人痛惜。而将军您连战连捷，最近还不到一天就破赵二十万众，诛成安君陈馀，名闻海内，威震天下。不用说有识之士，就连田野农夫，都倾耳待命，想要与将军驰骋天下，这些是将军的长处。然而，众劳卒疲，其实难用。我们不能被眼前的胜利冲昏了头脑，这是我要提醒将军的。您如今想再率疲劳士卒远征，屯于燕国坚城之下，我怕您不能速战速决，与对方打上消耗战，而一旦打上消耗战，则情现势屈（成语来源，原文为“情见势屈”。“见”通“现”。成语意指军情已被对方了解，又处在劣势地位）。您一旦粮绝，自己的缺点与短处就要暴露出来了。这种旷日持久的消耗战是兵家之大忌，如此则将军要处于被动挨打的境地。更有可虑者，齐国一看您攻打燕国，就知道您有东侵之意，必然加强战备，您无形之中又增加了阻力。没有条件打消耗战，这是将军的短处；想用强攻的办法解决燕、齐的问题，这是将军的错处。因此，善用兵者，不以短击长，而以长击短。只有发挥将军最大的优势，发挥将军最大无形资产的作用，才是取胜之道呀！”

韩信最担心的事被李左军说中了，他赶忙问：“那现在我该怎么办呢？”李左车道：“如今为将军谋划，不如按兵不动，休养生息，犒（kào）赏士卒，安抚赵国遗孤，在此争取民心，立稳脚跟，然后做出北上攻燕的架势，让其寝不安枕，食不甘味。接着将军派个辩士，把您善于攻城略地的长处向燕国大力渲染一番，虚张声势，因为有攻破赵国的事实根据，先声夺人，燕国不敢不服。把燕国这面安顿好了，您让辩士再到齐国，不费吹灰之力，齐国必然望风而服，虽有智者，也不能为齐国谋划守御之计了，因为齐国人已肝胆俱裂，被您从精神上解除了武装。如果这样，则天下事皆可图。兵法有先声而后实者，就是这种打法。”

韩信听后茅塞（sè）顿开，困扰多日的心结被解开了。事不宜迟，他马上着手准备，果然兵不血刃就制伏了燕国。他赶忙向刘邦报告近况，又请立张耳为赵王，以镇抚赵国。刘邦批准了。

大家看，用人机制比什么都重要。同样一个李左车，在陈馀那里英雄无用武之地，而到了韩信这里就大展神威，帮助韩信达到了不战而屈人之兵的境界！

第九章　战正酣齐楚死磕　搞偷袭韩信争功

韩信接下来要攻打的齐国，人员更迭比较复杂，而齐国的衰亡又与韩信的命运有密切的联系。

陈胜起义后，最先称齐王的人叫田儋，他是在陈胜起义天下大乱时趁势而起的，是被秦始皇灭掉的田氏齐国贵族的后裔。田儋被章邯杀死时，他的堂弟田荣统帅军队在外，不在都城临淄。

齐国人听说田儋被杀死以后，就立了“故齐王”田建（指被秦始皇灭掉的那个末代齐王）之弟田假为王。田荣一听说田假吃了趁热饭，大怒，回师就把田假赶到了项梁那里。

田荣于是立田儋之子田市为齐王。田荣是田儋的堂弟，田市是田儋的儿子，田荣是田市的堂叔。田荣为齐相。还有一人叫田横，是田荣的亲弟弟，田横为大将。

项羽分封诸侯时，有两员齐将田都和田安（“故齐王”田建的孙子），因为立功，受到封赏。项羽把田市改封为胶东王，以即墨为都；让田都代替田市的位置，以临淄为都；封田安为济北王，以博阳为都。这样，齐地就被分成了三块。但田荣不干，他把田都赶回项羽那里。他也不让田市去即墨，但田市惧怕项羽，就执意要去即墨。田荣大怒之下，追杀了自己的堂侄田市，又把那个田安也杀掉了。田荣把项羽分封的三个王杀的杀，赶的赶，自立为齐王。记住，这时的齐王叫田荣。

项羽大怒，就攻打田荣。我们在前面说过，刘邦平定关中的“三秦”之地后，给项羽写信说自己只要关中就足够了，不会再向东进兵了，项羽这才放心地攻打田荣。但刘邦说话不算数，在项羽攻打田荣时，他乘虚攻占了项羽的老窝彭城。项羽大怒，回军打得刘邦惨败（彭城之战）。刘邦在逃跑途中抛儿弃女。

田荣被项羽击败后，在齐地平原被人杀了。田荣的弟弟田横领兵抗击项羽，项羽因知道老家彭城被刘邦攻破，急着去后院灭火，就舍齐地而回师救急。田横把失去的土地夺回来了。

田横立了哥哥田荣的儿子田广为齐王，自己任齐相，但是事无巨细皆决于田横，齐王田广不过是个傀儡。韩信这回要攻打的就是田广为王、田横为相的齐国。

韩信平赵降燕后，旌麾东指，想要攻打齐国。而此时，刘邦已派那个郦食其把齐王田广与齐相田横说服了。田广准备举国投归刘邦。韩信一想，那就算了吧，就准备退兵。

齐国有个辩士蒯通（原名蒯彻，后因避汉武帝刘彻的讳改称蒯通。他后来曾劝韩信拥兵自立）劝韩信说：“将军受汉王之命攻击齐国，如今也没有明确的文件指示我们停止军事行动，怎么能前功尽弃呢？且郦食其只是一个辩士罢了，仅凭三寸不烂之舌，就说降了齐国七十余城，而将军将数万之众，一年多才攻下赵国（陈馀）五十余城。将军为将这么多年，反不如一个儒家小子吗？”韩信认为他说的有理，就令士卒整装待命，准备随时出击。而那边齐王已听了郦食其的话，准备投降了，也没做战备，整天和郦食其喝酒。韩信伺机偷袭且得以成功，很快就兵临临淄。齐王田广以为郦食其与韩信里应外合，麻痹欺骗自己，就把他扔到锅里给烹杀了。

韩信的争功行为使他与刘邦的关系产生了裂痕。其实，他与郦食其都是刘邦的手下，都在为刘邦一个人做事，韩信功劳的大小各人心中有数，没有他的威慑，郦食其也不能这么容易就说服了齐王。韩信做得这么不地道，让人心寒！郦食其再怎么说也是韩信的同事，就算他抢了韩信的一些风头，韩信也不能这么做呀。有福不要享尽，有势不要使尽。功名利禄大家都喜欢，但韩信不应占尽呀。身后有余忘缩手，等到眼前无路想回头就晚了。

后来，韩信被诬谋反，《史记》上没有记载谁替他喊冤，看来他做人确实有点问题，把自己的路走绝了。

第十章　同病怜龙且救齐　用兵妙以水助攻

田广、田横被韩信打得措手不及，就赶紧派人向项羽讨饶乞和，请求项羽发兵相助。项羽这时虽然自顾不暇，但想到辅车相依、唇亡齿寒，知道这齐国他必须救。并且，韩信太得志对自己终是祸患——这小子太狠了，刀刀都奔后脑勺。项羽赶紧派龙且（jū）为将，号称带兵二十万，救齐。

大家知道，项羽用的人基本和他是一个模子刻出来的，都有勇无谋、性如烈火。这个龙且大将军还是项羽那些将领中比较聪明的一个，但要分和谁比，一遇到韩信这个“终结者”，龙且就完了。

龙且与田横合兵一处与韩信对阵。有人向龙且建言道：“汉军长途跋涉，千里奔袭，利在速战。现在汉军锐不可当，他们想和我们主力尽快接战。而我们守家在地，士卒进无必死之心，退有投归之处，容易败散。在这种情况下，我们不如深沟高垒，坚壁清野，然后让齐王派其使臣到沦陷区展开宣传，那里的人听说齐王仍在，并有我们楚军大力相助，必然反汉。这沦陷区若乱成了一锅粥，韩信又是客居齐地，施恩未久，加之粮草不济，必然左支右绌（chù），进退两难，时间稍长，必会军心涣散，精疲力竭，那时可让他不战而降。”

这个计策的着眼点与李左车当时指出韩信的短处极其契合，如果龙且听从了，韩信就真没法玩了。可龙大将军不这么认为，他说：“我知道韩信的为人，他曾是胯下辱夫，内心怯懦，好摆平，且我是来救齐的，不战而降之，我有何功劳？今战而胜之，我就是得到齐地一半的封赏，也是理所当然的。我怎能止步不前呢？”

当在办事的过程中掺杂了个人邀功的情绪时，这件事就有可能办走样了。龙且可能受了项羽的影响，办事不注重结果，只注重形式和过程。事实上，只要他能达到击败韩信的目的，能用最小的牺牲换取最大的胜利就可以了，为什么非得享受战斗过程中血肉横飞的快感呢？绝不能只要动机、过程，不要结果。一个医生，只注重治病过程中的病理分析而不顾病人的死活，能行吗？治病的目的是救人，至于治病过程中用了多少尽善尽美的方法，并非病人及其家属关注的重点。有时我们劝人要注重过程，是为了鼓励他勇于实践，担心他过多地考虑结果会被束手束脚。我们说不怕困难，是指我们意志坚强，敢于挑战，并非我们能够避开困难却非得迎头赶上自讨苦吃，也并非没事找事，制造困难也要上，只为证明自己不怕困难、有能力。龙且无疑就是一个自讨苦吃的人。龙且倒也并不一定不关注结果。他也希望胜利，但他却要把过程弄得轰轰烈烈。这纯粹是好大喜功，搞面子工程。

韩信杀龙且很容易。两军夹潍水列阵，约好第二天大战。

龙且吃饱喝足之后倒头就睡。他的理由挺充分——养精蓄锐。而韩信晚上可没闲着。他派了很多人到潍水的上游用盛满沙的布囊把水流堵截住了。

一切都安置妥当了，韩信就引军半渡去向龙且挑战。打了几个回合，他假装不敌，回马便走。龙且果然被韩信的示弱搞昏了头，忙不迭地进入韩信的圈套，嘴里还说着，我就知道他是个懦夫，果然不出我所料。他带着自以为是的满足感带兵向汉军追去。在他的兵马半渡不渡之时，韩信向上游发了信号，一时间潍水波涛汹涌。龙且带一部分兵冲在前面，渡过了潍水，想回撤已然不能。韩信一个回马枪，杀得龙且人仰马翻，楚军死的死，逃的逃，降的降。滞留在潍水对岸的楚军也一哄而散了。齐王田广一看大势不好，赶紧逃跑了。

“大英雄”龙大将军被这个自己一直瞧不起的“胯下辱夫”斩于马下。他用鲜血和生命为自己的好大喜功、骄傲轻敌付了账单。

韩信杀龙且不像本书写的这么简单，但《史记》上也没有太多记载。他们在此之前应该打了一些小仗。

第十一章　讨王位刘邦怀恨　取舍间谍影重重

韩信知道打铁要趁热，于是他挟一战之威追亡逐北，约在高密擒杀了田广，并打到菏泽附近，把剩下的楚军全部俘获了。齐相田横跑到彭越那里去寻求“政治庇护”了。韩信基本平定了齐地。

韩信这时为自己打起了算盘。他向刘邦报告时说：“齐国人伪诈多变，反复无常，且南边与楚国交界，要是没有一个代理齐王（假王）镇守的话，形势不容乐观。我虽无德无能，但为了国家大事，我愿意担任齐地假王。”这与其说请求，不如说要挟了。

我们再理顺一下时代背景。韩信当时虽然是三军统帅，但他独当一面，带兵深入项羽的后方，开辟了根据地，而正面则由刘邦与项羽对阵。当时烽烟四起，其他诸侯根据刘、项的势力消长，采取不同策略，每人都有自己的小九九，所以韩信的作用是铲除项羽的势力，以及那些想趁乱割据一方的势力。

那时的刘邦，正在成皋、广武一线被项羽弄得焦头烂额，接到这个军事报告，他大怒异常，骂道：“我困于此地，如同婴儿之视父母，日夜盼你早点来救我，现在你只字不提发兵解危的事，反而要自立为王。”他还想往下说些更难听的话。刘邦真火了。张良和陈平赶忙在桌子底下踩他的脚，附耳低言道：“我们这边如此危急，哪有能力禁止韩信称王？你不如趁机厚待他吧，让他做好那边的工作。如果不这样，必然生变。”刘邦是什么人物？聪明人，一点就透。他话锋陡转，又骂道：“大丈夫平定诸侯，称王就称真王，当什么代理齐王呀！”

刘邦这种上司有一点不好，爱骂人。他认为，打是亲，骂是爱。他骂人，很多时候是爱极而骂。不过，他这次骂人，绝对是个例外。韩信死定了。

于是，刘邦派张良去立韩信为齐王，并征其兵击项羽。

龙且的挫败让项羽彻底服了“胯下辱夫”韩信的治军本领。项羽害怕了，就派一个叫武涉的辩士去做韩信的工作。

武涉对韩信说：“天下苦秦久矣，所以我们齐心合力击秦。秦朝灭亡后，我们计功割地，裂土封王，罢兵休养，这也是天下人共同的心愿。而汉王却欲壑难填，兴兵而东，夺人之地，已破三秦。他引兵出函谷关，收诸侯之兵以东击楚。他的意图相当明显，不尽吞天下不会停止。他竟然贪得无厌到如此地步！而且汉王的人品不可靠，他的命运多次掌握在项王的手里，项王因为可怜他，才没有杀他，可他倒好，一旦摆脱控制就反目成仇，数次撕毁停战协定，复击项王，翻脸不认人，他的不可信已到如此地步！如今足下自以为和汉王关系挺铁，为他尽力用兵，但我认为，足下早晚要被他擒住，而足下能延续到今天还平安无事的原因，就是项王还在呀！如今刘、项二王之事，权在足下，足下右投则汉王胜，左投则项王胜。项王今日亡，明日就会轮到足下。足下与项王是故交，足下何不反汉而与楚联合，三分天下？置此千载难逢的机会于不顾，一门心思要灭掉项王，这难道是智者所为吗？”

武涉不说项羽是因为战略失策、失掉民心才搞得一团糟。其实项羽要是战略得当、重视民意、善于用人、符合道义的话，刘邦可能不会这样，也不一定能得到这么强的舆论力量支持。武涉只从刘邦的人品和贪心入手，倒也找了一个好突破口，因为他来不是为了评论项羽的得与失的。武涉分析当时的权力制衡关系倒很精准。

韩信听后，回道：“我在项王那里时，官不过郎中，位不过执戟，项王对我言不听，计不用，憋屈死我了，所以我才离楚而归汉。到这里以后，我恍同隔世呀。汉王授我上将军印，给我数万精兵，品牌衣服随便穿（解衣衣我），上等美味随便尝（推食食我），对我言听计从（言听计用），所以我才有今天的荣耀。你说，我在两地的待遇是否有天壤之别呢？受人滴水之恩，当以涌泉相报。况且汉王如此深信、厚爱我，我背之不祥，虽死不为。还是请你谢谢项王的好意吧，恕难从命。”他把说客武涉打发走了，心想，项羽呀项羽，你平时不烧香，临时抱佛脚。你当时要是稍微有点眼光，也不至于落到这步田地。

从这段话看，韩信这个人还是很讲感情的。可惜他办错了一些原则性的事，没落个好下场。

第十二章　蒯通劝三足鼎立　韩信念知遇之恩

武涉走了，又来了一位，是一位老朋友，他就是劝韩信与郦食其抢功偷袭齐国的那个蒯通。蒯通知道，天下权衡于韩信之手，他想为韩信筹策而感动他。

蒯通先对韩信说他懂相术。那时的人都相信死生有命、富贵在天，特别是心有所欲的人，更相信这些。韩信也感兴趣，就问蒯通相术的情况。蒯通答道："贵贱在于骨法，忧喜在于容色，成败在于决断，以此参之，万不失一。"

"贵贱在于骨法"，旧时的人认为，人一生的贵贱荣辱与人的骨骼有关，相书基本都有"骨法篇"，比较有名的如《人物志》，还有后人假托曾国藩所著的《冰鉴》，都有足够的篇幅论述骨法。《明史》上记载，朱元璋奇骨贯顶，不知这骨头是怎么个长法。我们说某人长得好，说他"天庭饱满，地阁方圆"，这应就骨骼而言的；我们说某人轻佻或瞧不起他，说他"长了一副贱骨头，不知自己几斤几两了"，这也是就骨骼而言的。“忧喜在于容色”很好理解，指人内心的变化在脸上都会显现出来，伪饰不了。“入门休问枯荣事，一看容颜便得知”，这是标准的“察言观色”。但蒯通真实的目的在“成败在于决断”上，前两句不过是铺垫罢了。

韩信说，说得有理，那先生看我的面相怎么样呢？蒯通对曰：“请您让左右退去。”屋里只剩他们两个人了，蒯通开始畅所欲言，说道：“相君之面，不过封侯，又危不安。相君之背（双关语，指“后背”，也指“背叛”），贵乃不可言。”韩信问：“你这么说是什么意思呢？”蒯通道：“当初，秦朝的苛政峻法弄得天怒人怨，老百姓忍无可忍，待到俊雄豪杰登高一呼，天下之士云合雾集，起义风起云涌，不可遏止。那个时候，人们只有一个目标，就是推翻秦朝，可谓师出有名。而如今的楚汉之争，则纯粹是争权夺利，使天下无罪之人肝胆涂地，饿殍（piǎo）遍野，不可胜数，人间之惨境莫过于此。项王兵起彭城，乘利席卷，威震天下，然而现在他与汉王相距荥阳，始终不能再进一步，处此境地有三年了。汉王将数十万之众，败于荥阳，伤于成皋，只是凭借山河险固，才能自保，然他一日数战，无尺寸之功。二人正处于智勇俱困之时，锐气挫于险塞，粮食竭于朝夕，百姓疲惫怨望，人命危浅，朝不虑夕，民心动荡不安，渴望天下太平。以我推断，在此艰苦卓绝之际，非天下之贤圣不能平息天下之祸患。如今两主之命运悬于足下，足下为汉则汉胜，与楚则楚胜。我愿披腹心，输肝胆，效愚计，然恐足下不能用。以我愚见，足下莫若自立为王，三分天下，鼎足而居，形成均势，让谁也不敢先动。以足下之贤圣，有甲兵之众，凭据强齐，率领燕赵，控制楚汉势力的真空地带，顺应民心，向西为民请命，结束连年争战的局面，则天下人风走而响应矣，谁敢不听？割大弱强，使人人有份，则天下人必定对您感恩戴德，天下诸侯必会唯您马首是瞻。您收尽民心，则霸业可图。到时百姓必定会箪（dān，用竹子等物编成的盛饭用的器具）食壶浆，以迎王师。我听说天与弗取，反受其咎；时至不行，反受其殃。愿足下深思熟虑。”

蒯通也劝韩信自立。他暂且不论楚汉各自的得失，认为那是权力之争。他从天意、民心的角度入手，希望用“天下大义论”说服韩信，词锋犀利。

可韩信还是坚持认为：“汉王待我甚厚，载我以其车，衣我以其衣，食我以其食。我听说，乘人之车者载人之患，衣人之衣者怀人之忧，食人之食者死人之事，我怎能因利悖德呢？”蒯通又劝道：“足下自以为与汉王交好就可建万世之业，我认为您错了。为什么这么说？当时张耳与陈馀是平民百姓，他们义结金兰，为刎颈之交。后来张耳与赵王歇被围巨鹿，陈馀在外持兵观望，张耳就派两个人突围求救，而陈馀只是派给那两个人五千士卒敷衍了事，自己仍然畏缩不前。那两个人领兵回救巨鹿，遭遇秦军，如同羊入虎口，全军覆没。张耳怀疑陈馀不但未发一卒，反而亲手把那两个人杀了。从此，张、陈二人心生嫌隙，反目成仇。这个故事您应该知道得比我还清楚吧？后来张耳被陈馀打败，投奔了汉王，他又做了将军的副手，井陉一役，杀陈馀于泜水（泜，zhī。泜水在河北）之南。这二人的故事成为天下人的笑料。两人本来交往甚欢，天下仰慕，而最后为什么自相残杀呢？患生于多欲而人心难测啊！为什么人只能共患难，不能同富贵？为什么说人心不足蛇吞象？为什么说画龙画虎难画骨，知人知面不知心呢？都是因为人性贪婪，面临利益的诱惑就变心了。如今足下想以忠信结交汉王，必不如张耳、陈馀二人感情深，而你们俩之间的事是关乎天下命运的，张耳、陈馀那样的事相比之下还是小事。感情深厚的人因一件小事都能互相猜疑甚至刀兵相见，交情浅薄的二人因天下大权却能相安无事，我想不通。所以我以为足下认定汉王不会拿您开刀的想法是错的。文种帮助越王勾践建立霸主地位，结果呢？还不是敌国破，谋臣亡。所以，以交友言之，你们不如张耳之于陈馀；以忠信言之，你们也不如文种之于勾践。这两对关系的演变，足够说明问题了。愿您再思。我听说勇略震主者身危，而功盖天下者不赏。我再详细叙述一下您的功劳：您涉西河，虏魏王，擒夏说（yuè。一般在人名中都读 yuè），引兵下井陉，诛陈馀，徇赵，胁燕，定齐，南摧楚人之兵二十万，西向以报，这是不世之功勋。如今您戴震主之威，挟不赏之功，归楚，楚人不信；归汉，汉人震恐。您位为人臣而有震主之威，名高天下，我真替您担心啊！”

过了几天，蒯通又劝韩信道：“善于听取意见就容易预见事物的征兆，反复思考就容易掌握事情成败的关键。只要您能听到关键问题，把握住中心矛盾，就算错听个一二层意思或者里面包含些虚词妄语，也应该没什么问题。甘心当别人奴仆杂役的人，必然没有成就大业的可能，而只关心蝇头小利的人，也绝不会有卿相之尊。有智而不能决，必然要坏事，只贪恋眼前小利，必会遗失天下大利。不敢做决断，任由事态变坏，必败无疑。而勇敢坚决、果于决断才是真正的智者。因此，犹犹豫豫的猛虎，反而比不上敢于刺人的马蜂和蝎子更让人心惊胆战；徘徊不前的骐骥，反而比不上持之以恒的劣马更能负重致远；狐疑不决的勇士，反而比不上坚定果敢的庸夫不达目的誓不罢休；智略绝人的尧舜禹，如果总是畏首畏尾、默不作声，反而比不上勇于动手的聋哑之人更能一往无前。这些比喻都说明：贵在实践。功者，难成而易败；时者，难得而易失。时乎时，不再来，时机一过，一切都成为过眼云烟。愿您好好考虑，勇于决断胜过坐以待毙。”

蒯通劝韩信要把握成功的几个因素：一是把握时机，二是敢于决断，三是勇于实践。他反复取譬（pì），层层剖析。大家若读这一段文言原文，必有酣畅淋漓之感。

蒯通的话确实让韩信思虑再三，但韩信还是不忍背汉。他自以为功劳大，刘邦不会夺了他齐王王位，于是就谢绝了蒯通。

蒯通一看韩信不用其言，就佯（yáng）狂为巫，远走他乡避祸。但后来，蒯通还是被刘邦抓到了，这是后话。

接下来在垓下之战，韩信采用十面埋伏之计，动用心理战，四面楚歌，瓦解了项羽军的斗志。

刘邦平定天下后，把韩信改封为楚王，以下邳为都。韩信算是暂时衣锦还乡了。

第十三章　祸福中名满天下　淮阴侯怏怏不乐

韩信到了封地，把漂母找来，说了一大堆感谢的话，赏赐千金。那个南昌亭亭长也来了，韩信只给了他百钱，说他是个小人，好事做不到底（成语“为德不卒”或“为德不终”的来源）。那个令他遭受胯下之辱的小无赖惶惶不可终日，心想韩信不一定怎么折辱他呢。想跑吧，他知道韩信现在能呼风唤雨，跑得了和尚跑不了庙。谁知事情的发展完全出乎他的意料，韩信竟然以德报怨，不但没杀没打，反而让他当了一名中尉，即掌握巡城、捕盗等治安工作的武官。韩信对诸将说：“这是一个壮士，我不忍杀害他。当初他羞辱我时，我难道不能杀了他吗？只是杀之无名，太不值得，我才忍耐下来了。”

韩信的不念旧恶，非一般人所能为。即使韩信沽名钓誉，也显示了其博大的心胸。他现在要想泄私愤，杀掉这个给予他那么大心理伤害的小无赖，如同踩死一只蚂蚁一样容易，但他却没有那么做。

项羽手下有员名将叫钟离昧，同韩信一样，也是楚人。钟离昧没有同项羽一起殉难，而是隐姓埋名潜藏于江湖之中。他因与韩信素来交好，后来就投奔到韩信那里去了。而刘邦曾吃过钟离眛的大亏，差点丢了小命，心里怨恨，就向全国发出通缉令，通缉钟离眛。后来刘邦听说钟离眛在韩信辖区，就下诏让韩信抓捕他。

一波未平，一波又起。

韩信因为刚到任上，风土不熟，在巡视郡县时，就经常带兵跟随，前呼后拥的。这时就有人上书说韩信要谋反。刘邦听从陈平的计策，准备不动干戈地擒拿韩信。因为刘邦也掂量了，真刀真枪地对阵，没有人是韩信的对手。刘邦说自己要巡狩，到各诸侯国疆域内视察。按照惯例，各诸侯王要到指定地点朝拜天子。刘邦公开宣布要游云梦泽，让诸侯在陈会合。

刘邦快到韩信的辖区时，韩信嗅到了空气中的特殊气味，猜到了是怎么回事。想发兵谋反吧，自己确实没有罪，也没有反心；想去拜见刘邦吧，又怕被擒，韩信又一次面临二者必选其一的困境。这时，有人对韩信说，韩信如果带着钟离眛的首级去拜见刘邦，刘邦必然欢喜。刘邦欢喜了，就可确保韩信无事。

韩信一听有理，就去找钟离眛商量。这事还商量什么呀，不就差直接要人家的脑袋了吗？钟离眛说："皇帝之所以不敢发兵击楚，是因为我在你这儿，他怕我成为你的羽翼。你现在想抓我向皇帝讨好，我前脚死，你后脚就得跟来。"又道："你不是一个德行高的厚道人（公非长者），我瞎了眼睛，认错人了。"于是钟离眛自杀身亡。

韩信提着钟离眛的首级乐颠颠地去见刘邦，以为拿了一个"护官符"去，应该没问题了，谁知他刚到就被武士给按住捆绑了起来，押上车随行。韩信慨叹道："果若人言，'狡兔死，良狗烹；高鸟尽，良弓藏；敌国破，谋臣亡’(《史记·淮阴侯列传》)。如今天下已定，我是应该死了。”刘邦说，你别抱怨，有人告你谋反。

韩信被押到洛阳，刘邦实在审问不出什么端倪，就又把韩信放了，并降封他为淮阴侯。韩信命没丢，爵位降了。刘邦的先抓后放也表明了谋反的罪名纯属捕风捉影。

韩信在由楚王降为淮阴侯的同时，也失去了原有封地。他只能留在长安陪伴在刘邦左右了。他深知刘邦忌惮自己的才能，为了降低存在感，就经常称病不去朝见刘邦。

别有忧愁暗恨生，此时无声胜有声。韩信的称病不上朝是一种隐性的抗争。他从此日夜怨望，闷闷不乐，有不解，也有悔恨。更让他受不了的是，他身价陡降，与以前自己的副手、下级，甚至自己瞧不起的人平起平坐。《史记》说韩信“羞与绛、灌等列”。这话什么意思呢？“绛”指绛侯周勃，“灌”指颍阴侯灌婴，他们都是汉朝开国名将，但略输文采，缺谋少智。韩信一直认为自己不应和他们处于一个层次，可偏偏造化弄人，非得让他纡尊降贵，他感到羞耻。

有一次他去樊哙那里做客，感动得樊哙跪拜送迎，竟称自己为“臣”，说我真没想到大王您肯光临寒舍，让我受宠若惊呀！韩信临走时说了一句：“没想到我这辈子竟要与樊哙等同殿称臣。”韩信难以忍受心理落差的无奈溢于言表，让人怀疑他不肯安于现状。

其实，韩信不应如此瞧不起人。没有这些人的努力和配合，他未必能一帆风顺。这些人都是举足轻重的人物，樊哙是刘邦的连襟，多次与刘邦出生入死；周勃后来平定吕氏之乱；灌婴是汉军骑兵部队的创立者，多有战功。韩信作为一个团队中的一员，只是发挥了“重要”作用，不是发挥了“唯一”作用。人要有自知之明。

第十四章　善将兵多多益善　陈豨叛班门弄斧

有一次，刘邦和韩信闲聊，谈及手下诸将的长处与短处。刘邦问韩信："你看我能带多少兵呢？"韩信顺口答道："不过十万众。"刘邦又问："那你怎么样呢？"韩信信心十足地说："多多益善。"韩信的意思是他带多少兵都没问题。刘邦大笑，问他："你这么善于带兵，怎么还被我擒住了呢？"这话问得有点咄咄逼人。韩信意识到自己失言了——本来就备受猜忌，自己还如此锋芒毕露，这不是找死吗？于是他赶紧说："陛下不善于带兵，但善于带将，这就是我为陛下所擒的原因。而且陛下受命于天，非人力所能及也。"韩信说刘邦不善于带兵而善于带将，并非完全夸大事实，领导者以知人善任为要。

比较韩信与刘邦，韩信只能当大将军，而刘邦能当皇上，因为夺取天下开创一个新时代是一个系统工程，不是光靠打打杀杀就能济事的。

在那个时候，燕国、代国和赵国属于同一条线，大概位于北京、河北东北部与西北部及山西北部一带。前面提到的那个陈馀曾自立为代王，治所大概在今河北蔚县东北。

刘邦称帝后，封自己的二哥刘仲为代王。刘仲后来怕被匈奴打击，就跑回了洛阳。再后来，刘邦封自己的儿子刘恒为代王。刘恒就是后来的汉文帝。

接下来要叙述的与韩信的死有密切关系的人物陈豨，就是代国相国。大家也许还记得那个叫张耳（陈馀的结义大哥，后来的切齿仇人）的，他与刘邦结成了亲家。刘邦把自己与吕后的女儿鲁元公主嫁给了张耳的儿子张敖。这个张敖被封为赵王。陈豨是刘邦的旧将，比较可靠的说法是，他的爵位为“阳夏侯”，职务是代国相国，职责是带领赵国与代国的边防军抗击匈奴、保卫边疆。关于陈豨的身份，说法很多，《史记·淮阴侯列传》记为“钜（巨）鹿守”（巨鹿郡郡守），《史记·高祖本纪》记为“赵相国”，《汉书·高帝纪》记为“代相国”，三者的记载不尽相同，综合评估，“代相国”应该靠谱。司马迁的文采独步古今，其实事求是的精神更难能可贵，但他不是神，也难免有错。

陈豨在上任之前，到韩信那里辞行。《史记》上没记载二人的关系，照字面理解，二人关系应该还可以。

韩信握着陈豨的手，屏退左右，拉他到庭院中叙话。韩信在切入正题前先进行了铺垫，仰天叹息道：“你是一个值得信赖的人吗？我真想和你说点心里话呀！”陈豨一听话里有话，忙道：“唯将军令之，有事但说无妨。”韩信在军中的威信还是很高的。韩信说：“你要去驻守的边关，是国家精锐兵力驻扎的地方，而你又深得陛下信任，若是有人说你反叛，陛下必然不信；若再有人报信，他也才可能起疑心；若第三次得到准确消息说你反叛了，他必然恼怒异常，御驾亲征。我在京城策应你，则天下可图。”陈豨倒是深知韩信的军事才能，对他也深深折服，说道："谨从指教。"

这件事的真实性值得怀疑。能够让韩信说出心里话的人肯定不多，他敢把这么大逆不道的话轻易说给一个人听吗？他不怕陈豨转身告密吗？这可是用别人的鲜血染红自己顶戴花翎的好机会呀！韩信凭什么这么相信陈豨？《史记》上确实没有交代二人有过命的交情，司马迁这么写恐怕是故意让人生疑，因为对于司马迁来说，写韩信是写"近代史"的内容，遭受政治迫害的概率太大，他的这种说法恐怕是官方语言，但是以司马迁之耿直，他又不想放过汉朝统治者，于是闪烁其词，故意留下痕迹，让后人以窥究竟。

后来陈豨果然谋反，但他是被逼谋反的。原因何在？原来，陈豨也有偶像。他崇拜我们学过的《信陵君窃符救赵》中的信陵君（"战国四君"之一，刘邦也很崇拜此人），喜欢广纳门客，待宾客如同布衣交（就像老百姓那样交往），而且他执礼甚恭，不因富贵而骄人，也不妄自尊大。

陈豨有一回路过赵国，赵国相国（当时诸侯王也有相国，只是与中央的丞相或相国差了一个等级。此时赵国的赵王已非张敖，而是刘如意）周昌（他是在荥阳大战中以身殉职的周苛的弟弟）见陈豨有众多门客相随，人多得把"国营招待所"都住满了，其声势不凡。周昌当时应该是被陈豨的声势震惊到了。

周昌在进长安向刘邦作"赵国政府工作报告"时，就向刘邦说了这一情况，意思是陈豨人多势众，并且长期镇守边关，恐要生变。刘邦一想有道理，就让陈豨进京述职。

陈豨是刘邦的旧将，了解刘邦，知道述职是个幌子，也知道刘邦不相信自己了，自己性命堪忧，就反了。

第十五章　狡兔死走狗当烹　成萧何败也萧何

陈豨一反，刘邦果然亲自带兵征讨。韩信称病不从，却暗派心腹之人去与陈豨密谋，鼓励他尽管起兵造反，自己则在长安帮他搞内线。韩信与家臣密谋，要在某天夜里假传圣旨赦免囚徒，他要带领囚徒袭击吕后和太子。部署停当，韩信就一心一意等待陈豨的战报。

而此时，节外生枝。韩信有一个门客得罪了他，韩信就把这个门客囚禁起来，准备杀了。这个门客的弟弟一看大事不妙，就向吕后告密，说韩信准备谋反。吕后大惊，想要把韩信召进宫来，又怕暴露了自己的真实目的，韩信不肯就范。吕后还担心，万一韩信孤注一掷，提前发兵也未可知。于是，吕后就找萧何来商量。一人智短，二人智长。这么一碰面，他们就搞出了一条计策——诈称刘邦派信使来说，叛乱已平，陈豨已死，列侯群臣都准备进宫贺喜。

萧何骗韩信说："这么可喜的事你要不到场，就落小人口实了，说别人听到这消息都欢呼雀跃，只有韩信郁郁寡欢。你说这话要是让皇上听到了多不好？你虽然有病，但还是要振作起来去应个景。”

韩信不知道陈豨的真实情况，萧何的脸面也驳不过，再说他觉得萧何也是为自己好，就跟了去。一进长乐宫，韩信就被武士擒拿捆绑住，根本没有经过审问程序，直接就被推到长乐宫钟室处死了。

临刑前，韩信痛苦万分，说：“我真后悔当初不用蒯通之计，若是当时果敢一些，也不至于像现在这样被儿女子（指太子刘盈和吕后）所辱。这真是天意啊！”

韩信被灭三族，就是说，和他有关系的三族亲友都被斩杀了。这是当时刑罚的残酷之处。这就是“成也萧何，败也萧何”那句成语的后半句，“败也萧何”。

刘邦从前线回来，知道韩信已被处斩，且喜且怜。“且喜且怜”是刘邦心理的真实写照，他喜的是一向颇为忌惮的心腹之患已除，怜的是这么一个优秀的人才落得如此下场。他问吕后，韩信的临终遗言是什么，吕后说，他后悔不用蒯通之计。刘邦说，我知道蒯通这个人，他是齐地的辩士。

刘邦于是令人抓捕蒯通。蒯通被押到长安。刘邦问，是你教唆韩信谋反吗？蒯通回答说，确实如此。不过这个该死的小子不用我的计策，所以才被灭三族。如果他能听我的话，绝不至于落到这步田地。刘邦大怒，要煮了他。蒯通说，啊呀，冤枉啊。刘邦说，你教唆韩信谋反，死有余辜，有什么冤的？蒯通说，此一时彼一时呀！那个时候秦朝纲纪紊乱，政权崩溃，群雄并起，英俊乌集，都想扩充势力，所谓秦失其鹿（政权），天下共逐之，于是高材（才）疾足者先得焉。大家都是一个目的，要夺取政权，就看谁手疾眼快、本领高强了。尧帝是个仁德之主吧，夏朝的末代君主夏桀是个残暴之君吧，但夏桀的狗却撕咬尧，这说明什么呢？各为其主嘛。这是无可奈何之事呀！那个时候，我只知道有韩信，不知道有陛下，而且当时摩拳擦掌、披坚执锐想要做皇帝的不可胜数，只是力不从心罢了，陛下能将这些人都煮了吗？

这个辩士口才果然了得，这次为了救自己，更是使出了浑身解数。他用比喻进行论证，入情入理，让人不得不服。刘邦也觉得有理，就释放了蒯通。

司马迁评论说，我曾经去过淮阴，淮阴人对我说，韩信还是个平民百姓时，就特立独行。他母亲死了，贫无以下葬，他仍然要寻找一块地势高而宽敞的地方，令其墓旁有足够的空间放置守墓之人。我到了他母亲的坟茔（yíng）一看，果然如此。假如韩信能够学会谦让，不伐（自夸）己功，不矜（与“伐”意同）其能，知道功成名遂后淡泊名利，他差不多可以和西周开国元勋周公姬旦（鲁国创始人）、召公姬奭（shì。召公是燕国创始人）和姜尚（直钩钓鱼的姜太公，齐国创始人）相媲（pì）美了，可以传国久远。可他偏不这么做，等到天下人心已定，却想谋反，以致被夷灭三族，这不是他自找的吗？

司马迁的评论客观公允，他在那个时代能有这种超凡的洞察力，让人震惊。

韩信有不合时宜的政治理念，一直谋求“裂土封王”，这是招祸之道。韩信受西周以来开国功勋都能“裂土封王”的影响，认为大丈夫有如此作为，方算功成名就。而据笔者看来，东周时代的“春秋五霸”“战国七雄”连年发起争战，使百姓苦不堪言，秦始皇统一六国是顺应了民心民意。秦始皇后来推行郡县制就是为了避免出现诸侯割据的局面，只是他法律太过刚性，加上执法过于严苛，自己又好大喜功，苛捐杂税多如牛毛，兵役徭役连年不绝，使人们处于高压下痛苦不堪。百姓

◎武庙十哲

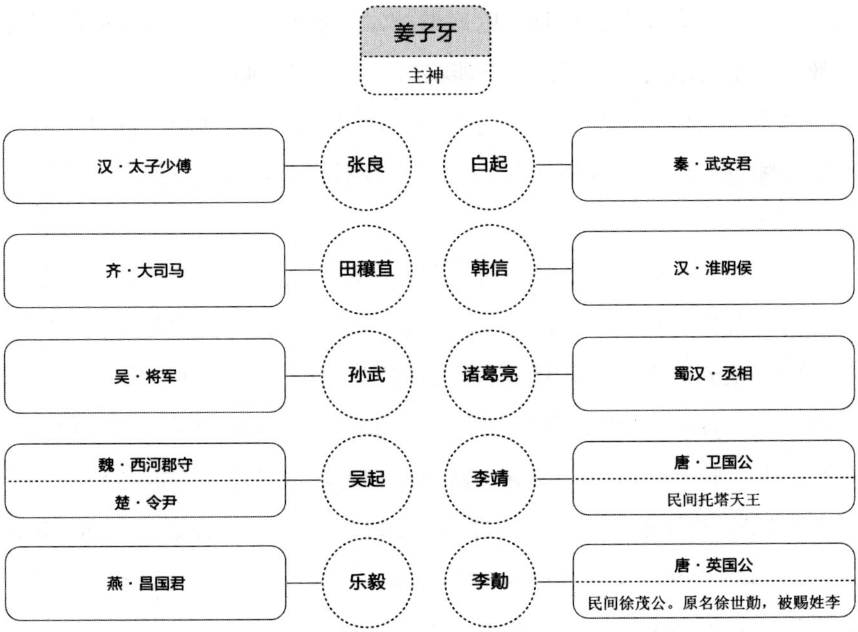

太公尚父庙，唐玄宗开元十九年设立。唐肃宗上元元年，封姜子牙为武成王，祭典与祭孔子相同，太公尚父庙更名为武成王庙，简称武庙。《史记》中的人物上榜的有 7 人，若加上姜子牙，共 8 人。

慑于他的威势，无可奈何。当遇到了无德无能却更加残忍好杀的秦二世时，被陈胜点燃的愤怒之火烧遍神州，秦朝灭亡了。从最高层视角来看，郡县制能够进行管理标准化，是非常有效的管理模式，国家政令统一。这一制度能延续至今，也说明了其影响力。对后代的统治者来说，再实行周朝的分封制属于开倒车。

刘邦也分封了一些“刘氏王”，但他那是基于秦亡的教训想巩固皇权而做出的妥协，并非想推行分封制。刘邦认为郡县制很好，但秦王室的直系子孙手里无权无兵，一旦遇到外人叛乱，就会束手无策。他自己就是趁火打劫者，所以他想鱼和熊掌兼得，分封制与郡县制并行，也就是“一朝两制”。他也分封了一些异姓王，但那是出于平衡关系、维护中央集权的需要，而不是什么创业时的“与天下同利”。后来，异姓王被杀的杀、降爵的降爵，应该都是出于维护中央集权的需要。

淮南王英布、梁王彭越也被杀，被杀并非韩信一人的悲剧。后来，“刘姓王”也出现尾大不掉、威胁朝廷的局面，这是刘邦始料未及的。

韩信抱着过时的观念不放，难免成为刘邦的眼中钉、肉中刺。像韩信这种人，刘邦十分忌惮他，他能留给儿子面对吗？刘邦就算相信自己活着的时候，韩信不敢轻举妄动，但他若死了呢？韩信正当壮年，若有自己的诸侯国培养实力，难免没有野心。自己辛苦打下来的江山拱手让与他人，这在家天下的时代，是建国者所不能容忍的。

韩信必死无疑。

第十六章　千古名将难定论　留待后人话短长

福祸无门，唯人自招。韩信的悲剧是他自己一手造成的。

我们在前面说过，韩信想要进兵齐国，但那时齐王已在郦食其的劝说下准备投降了，已经没必要攻打了。但是，韩信在蒯通的鼓动下，为了自己个人的战功，悍（hàn）然对齐国发动进攻，致使郦食其被齐王活活烹死。

笔者以前一直想不通，韩信在有能力反的时候不反，在势穷力竭时偏偏要反，而且很多反的理由都是无中生有的，明明可疑，但看遍《淮阴侯列传》，也没发现有哪个人站出来为韩信申冤，哪怕说句公道话也好。由此可以猜想，韩信人际关系紧张。韩信置郦食其生死于不顾，悍然攻打齐国，只为了在自己功劳簿上添一笔，太让同事寒心了，也让刘邦觉得他私心太重，不太可靠。

韩信打下齐国后，给刘邦写信说要代理齐王。他理由光明正大，但明眼人一看就明白，他这是在要挟刘邦。刘邦当时正处在持久战的最艰苦阶段，盼着韩信能来打破困境，让自己缓口气，但韩信只字不提下一步的军事部署，只为自己邀功，想当齐王。刘邦当时还需要他，也治不了他，还怕把他逼急了，所以就忍了。刘邦的隐忍对韩信而言，是埋下了雷。韩信后来行动也不十分积极，只在刘邦给出筹码以后，他才积极配合着出兵。这种种行为加深了刘邦的顾虑。刘邦会想，如果有一天他不能再给韩信更高赏赐了，韩信会怎么办？这就是所谓的“挟不赏之功”。功高震主者身危，道理就在这里。

不滥赏下属是有道理的，要让下属有盼头，这符合人的心理。

这时的韩信，就应该像司马迁说的那样，不伐己功，不矜其能。与他齐名的张良、萧何深知这个道理，都十分低调，确保了自身平安无事。韩信的结局这么惨，先要从他自身找原因。

假作真时真亦假，无为有处有还无。这是《红楼梦》上的话，用来说明韩信的遭遇与心情，还是比较合适的。

韩信不同于英布和彭越，英布是从项羽那里投诚过来的，而彭越是第三方势力，当时是根据风向来确定投汉的，他们俩受到怀疑是正常的。但韩信是刘邦一手提拔的，是刘邦不折不扣的嫡系将领。刘邦对韩信有恩情。刘邦顶住极大压力任命韩信为上将军，使他成为一代名将。按照韩信的为人，漂母一饭之恩他尚能不忘，他怎能忘记刘邦的大德？他在拥兵自重的时候不反，怎能在毫无实力时以鸡蛋碰石头呢？司马迁在评语中也影射了这一层意思，说韩信后来不可能谋反，纯属诬陷。

但韩信这个人有时态度过于暧昧，也就是真真假假，让人难以捉摸，让人容易产生遐想。比如，钟离眛来投奔韩信，韩信应该要么别收留，要么收留到底。韩信说不给他饭吃的那个南昌亭亭长好事做不到底，他也一样。有人告韩信谋反，刘邦说要他接驾，他心里没鬼为什么不敢去？他去了为什么要带上钟离眛的头？刘邦早让他杀钟离眛他不杀，为什么偏偏在这时候杀？他若光明正大，为什么不敢抗争到底？他在这时候讨好刘邦是不是想掩盖什么或杀人灭口？总之，韩信的行为让人产生了无限遐想。他把自己装进去了，作茧自缚。

根据韩信年轻时和他成名之后的表现，他在战场上杀伐决断，龙骧（xiāng）虎视，但在生活中应该是性情中人，注重感情，还有点剪不断理还乱的意味。

他能虚心向李左车请教，表明他有谦虚向上的一面。可实际上，他又有点自视过高。韩信瞧不起刘邦也未可知，可能刘邦在韩信心中的定位就应该只是名义上的国家元首，有礼节性的参拜就可以了，而平时，他韩信应该可以在自己的封地上呼风唤雨。所以后来刘邦取消韩信的封地，把他降为淮阴侯，他羞于与樊哙、周勃辈为伍同向刘邦俯首称臣。韩信未能像其他人一样安于现状。一个思想浮动、不能安于其职的人总让人不放心，刘邦应该对这时的韩信很失望，所以在他出征后，吕后可以随便绞杀韩信。否则，吕后不会如此胆大妄为。吕后事前被刘邦授以机宜也说不定。恶名让女人承担，两人一个唱红脸一个唱白脸，演起了双簧，吕后只是台上的傀儡。

大家应该还记得韩信大破齐国时逃到彭越那里的齐相田横吧，他后来逃到海岛上避难。刘邦称帝后向田横发出招降帖。田横来见刘邦，快到洛阳时自杀了。他临死前对门客说："当时我与汉王同样南面称孤，雄霸一方。如今汉王为天子而我成了败亡俘虏，耻辱莫大于此。陛下不就是想见我一面吗？我就让他看看。你们提着我的头，快马奔驰三十里，我的容貌应该还不会变。"两个门客完成任务后，在田横的墓前自杀来为田横陪葬。其他五百门客听到田横的死讯后，全部自杀。

英布被逼反叛有客观原因，但他后来对刘邦说，他造反也是为了当皇帝，可见刘邦那时是一个并不被十分看好的人，他们也一直搞不懂怎么刘邦就成了“黑马”，可能认为刘邦只是运气好。刘邦年轻时的无赖行径和其本身无特殊能力可能一直被这些人看不起，只是他们表面上不敢说什么罢了。他们不太相信刘邦的造神运动。若按本身才能来说，韩信、英布和田横等辈要高于刘邦，但他们可能一直没搞清，对于领导人来说，胆识、魄力、眼光及知人善任、组织协调等能力更可贵。韩信看不看得起刘邦很难说。他一方面感激刘邦的提拔栽培之恩，另一方面又自视过高，不太甘心低人一等，结果弄得反又没反，忠又不忠，诸侯王没当成，淮阴侯没做长，落得个身首异处、被灭三族，反而得到个不忠（对刘邦）、不信（对钟离眛）、不义（对郦食其）、不决（对蒯通）的名声。这是韩信的悲剧。

要么反，死而无怨；要么忠，鞠躬尽瘁。人生的很多悲剧都是由患得患失、犹豫不决造成的。

《史记·淮阴侯列传》是笔者十分喜欢读的文章，文辞优美自不必说，人物的悲剧命运特别震撼人心。这也是悲剧的魅力之所在。后人在评论韩信时，大多给予了深深的同情。

韩信的军事才能一直被人广为传颂。明代藏书家茅坤说韩信是“兵仙”。观韩信之用兵，真有鬼神莫测之机，“兵仙”的称号，名实相副。

《史记·淮阴侯列传》衍生出来的妙语很多，比如“多多益善”“成也萧何，败也萧何”“胯下之辱”“背水一战”“拔帜易帜”“情现势屈”“喑呜叱咤”“败军之将”“高才捷足（才能高超，行事敏捷，凡事都能抢在前头）”“国士无双”“痛入骨髓”“人自为战”“陷之死地而后生，置之亡地而后存”“智者千虑，必有一失；愚者千虑，必有一得”“狂夫之言，圣人择焉”“故善用兵者不以短击长，而以长击短”“天与弗取，反受其咎；时至不行，反受其殃”“患生于多欲而人心难测也”“听者事之候也，计者事之机也”“功者难成而易败，时者难得而易失”“狡兔死，良狗烹；高鸟尽，良弓藏；敌国破，谋臣亡”“羞与绛、灌等列”“纲绝而维弛”“秦失其鹿，天下共逐之”“不伐己功，不矜其能”“为德不卒”“反其道而行之”等。

多么令人难以捉摸的韩信啊！